D0890816

DEUTSCH MIT EMIL

HELGA TILTON

DEUTSCH MIT EMIL

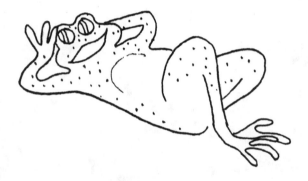

W. W. NORTON & COMPANY

New York • London

Copyright © 1981 by W. W. Norton & Company, Inc.
Published simultaneously in Canada by George J. McLeod Limited, Toronto.
Printed in the United States of America.
All Rights Reserved.
First Edition

Library of Congress Cataloging in Publication Data
Tilton, Helga.
  Deutsch mit Emil.
  English or German.
  1. German language—Readers.   I. Title.
  PF3117.T67   428.2′421   81−13019
  ISBN 978-0-393-95111-0

Design by Jacques Chazaud

To the real Emil, who was no frog.

Table of Contents

PREFACE

Deutsch mit Emil is a collection of stories about several likable little characters. It grew out of first-year German classes I have taught in standard undergraduate curricula and in extension programs. The same characters appear throughout the entire reader, and their personalities and adventures come to life through almost 200 amusing drawings. I find that students of all ages quickly make friends with these creatures, look forward to the next episode, and generally begin to forget that they are struggling with cases and verb forms. Emil, Siglinde, and Manfred help me teach beginning German without a standard text, but they will be happy to join your course too, whatever first-year textbook you use.

The reader is organized so that each section teaches one or more basic German structures, grammatical points, or idioms. It follows roughly the sequence most common to textbooks for this type of course, but there is room for flexibility. Once the characters have been introduced in sections 1 and 2, their adventures are more or less episodic, and the full glossary at the end of the book enables students to look up words first introduced in any section you may want to pass over or delay. However, grammatical complexity increases with the book's progress, so giant leaps may not be the best way to proceed.

The material is first introduced in conjunction with the cartoons, so that visual images are tied directly to the new sounds, leading to a more immediate comprehension of the language. The stories are designed in such a way that role playing and conversation between students come naturally. The pattern exercises that follow the readings also facilitate oral practice, and can be extended by the teacher and even by students to include new vocabulary. Of course, there are exercises aimed to develop writing skills, and eventually students can experiment with free writing.

For some years now my students have been having great fun with Emil and his friends. Emil has been getting lots of fan mail lately, and Emilia doesn't like it at all.

Helga Tilton

DEUTSCH MIT EMIL

Ich heisse Siglinde.
Ich bin intelligent.

Ich heisse Siglinde.
Ich bin intelligent.
Ich wohne in Frankfurt.
Es geht mir wunderbar.
Wie geht es Ihnen?

Das ist Siglinde.
Sie ist intelligent.
Sie wohnt in Frankfurt.

Ich heisse Manfred.
Ich bin sehr schön.

Ich heisse Manfred.
Ich bin sehr schön.
Aber ich bin kein Schauspieler.
Ich bin Student.
Ich studiere in Heidelberg.
Es geht mir gut.
Wie geht es Ihnen?

Das ist Manfred.
Er ist sehr schön.
Er studiert in Heidelberg.

Sehr interessant.

(Ein Gespräch zwischen Manfred und Siglinde.)

M: Guten Tag. Heissen Sie Kunigunde?

S: Nein, nein, ich heisse Siglinde. Wie heissen Sie?

M: Ich heisse Manfred. Ich wohne in Frankfurt. Wo wohnen Sie?

S: Ich wohne auch in Frankfurt. Aber wir sind in Heidelberg.

M: Ja, das ist richtig. Hier ist die Universität. Ich studiere in Heidelberg.

S: Sie sind sehr intelligent. Sind Sie Wissenschaftler?

M: Nein, ich bin nur Student. Sie sind sehr schön. Sind Sie Schauspielerin?

S: Nein, ich bin auch nur Studentin.

Emil: Sehr interessant, sehr interessant!

S: Wie heisst du? Wo wohnst du?

Emil: Ich heisse Emil, und ich wohne im Wasser.

A. **Antworten Sie „falsch" oder „richtig":**

1. Emil ist ein Frosch. _Richtig_

2. Siglinde ist intelligent. _Richtig_

3. Manfred ist sehr intelligent. _Falsch_

4. Emil wohnt in Frankfurt. _Falsch_

5. Manfred wohnt im Wasser. _falsch_

6. Siglinde wohnt in Frankfurt. _Richtig_

7. Siglinde ist grün. _falsch_

8. Emil ist sehr schön. _____

9. Manfred ist Student. _Richtig_

B. **Wer sagt was? Manfred? Siglinde? oder Emil? Folgen Sie dem Beispiel:**

1.   Emil sagt: „Ich bin grün."

2. _____ sagt: „Ich bin Student."

3. _____ sagt: „Ich bin intelligent."

4. _____ sagt: „Ich wohne im Wasser."

5. _____ sagt: „Ich studiere in Heidelberg."

6. _____ sagt: „Es geht mir phantastisch."

7. _____ sagt: „Ich bin kein Schauspieler."

8. _____ sagt: „Ich bin kein Student."

9. _____ sagt: „Ich bin ein Frosch."

C. Beantworten Sie die Fragen:

1. Wer ist grün? _____.

2. Wer ist intelligent? _____.

3. Wer ist schön? _____.

4. Wo wohnt Emil? _____.

5. Wo wohnt Siglinde? _____.

6. Wo studiert Manfred? _____.

D. Schreiben Sie die Fragen. Folgen Sie dem Beispiel:

Wie geht es Ihnen?   Es geht mir wunderbar.

1. _____ Ich studiere in Bonn.

2. _____ Er studiert in Heidelberg.

3. _____ Ich wohne in Berlin.

4. _____ Sie wohnt in Frankfurt.

5. _____ Ja, sie ist intelligent.

6. _____ Ja, er ist sehr schön.

7. _____ Ja, er ist ein Frosch.

8. _____ Er wohnt im Wasser.

5

Schreiben Sie das Gespräch zwischen Emil und Siglinde:

1.

_____ Tag, mein Fräulein.

Wie _____ es Ihnen?

2.

_____ geht mir wunderbar.

Sie _____ ganz grün, mein Herr.

3.

Natürlich,

ich _____ ein Frosch.

4.

Und _____ sind ganz nass, mein Herr.

5.

Logisch.

Ein Frosch _____

natürlich im _____.

2

Ich liebe Grün.

Emil liebt Grün:

Er hat **ein** Haus. DAS Haus ist grün.
Er hat **ein** Buch. DAS Buch ist grün.

Er hat **eine** Uhr. DIE Uhr ist grün.
Er hat **eine** Zahnbürste. DIE Zahnbürste ist grün.

Er hat **einen** Bleistift. DER Bleistift ist grün.
Er hat **einen** Koffer. DER Koffer ist grün.

Emil hat ein grünes Haus.

Er hat einen grünen Bleistift.

Er hat eine grüne Zahnbürste.

Er hat einen grünen Koffer.

Er hat ein grünes Buch.

Ja, ich liebe Grün:

Ich habe **ein** grünES Haus.
Ich habe **ein** grünES Buch.

Ich habe **eine** grünE Uhr.
Ich habe **eine** grünE Zahnbürste.

Ich habe **einen** grünEN Bleistift.
Ich habe **einen** grünEN Koffer.

Natürlich, denn ich liebe Grün.

Ich suche **ein** grünES Fahrrad.
Ich suche natürlich **eine** grünE Frau.
Und vielleicht **einen** grünEN Hund.

Denn ich liebe Grün.

Wer bin ich, und was bin ich?

*Ein Programm im Fernsehen. Siglinde und Manfred
sind die Schauspieler. Der Gast kommt und schreibt
seinen Namen an die Tafel.*

M: Guten Abend.

?: Guten Abend.

M: Heissen Sie Sigmund?

?: Nein, ich heisse nicht Sigmund.

M: Heissen Sie Wolfgang?

?: Nein, ich heisse nicht Wolfgang.

S: Sehr interessant. Er heisst nicht Sigmund, und er heisst nicht Wolfgang.

M: Wohnen Sie in München?

?: Nein, ich wohne nicht in München.

M: Wohnen Sie in Düsseldorf?

?: Nein, ich wohne nicht in Düsseldorf?

S: Sehr mysteriös. Er wohnt nicht in München, und er wohnt nicht in Düsseldorf.

M: Haben Sie eine Wohnung?

?: Ja, ich habe eine grosse Wohnung.

M: Haben Sie eine Zahnbürste?

?: Ja, ich habe eine Zahnbürste.

M: Haben Sie eine gelbe Zahnbürste?

?: Nein, ich habe keine gelbe Zahnbürste.

M: Haben Sie eine grüne Zahnbürste?

?: Ja, ich habe eine grüne Zahnbürste.

M: Haben Sie einen Hund?

?: Ja, ich habe einen Hund.

M: Haben Sie einen braunen Hund?

?: Nein, ich habe keinen braunen Hund.

M: Haben Sie einen grünen Hund?

?: Ja, ich habe einen grünen Hund.

S: Sehr modern. Sehr elegant. Er hat eine grüne Zahnbürste, und er hat einen grünen
   Hund.

?: Ja, ich liebe Grün.

M: Aha, sind Sie Amerikaner?

?: Nein, ich bin kein Amerikaner.

M: Sind Sie Deutscher?

?: Ja, ich bin Deutscher.

S: Wohnen Sie im Wasser?

?: Ja, ich wohne im Wasser.

WER IST DER GAST?
WAS IST DER GAST?

A. Was antwortet Emil? Folgen Sie dem Beispiel:

Sind Sie Politiker?   Nein, ich bin kein Politiker.

1. Sind Sie Schauspieler?   Nein, _____

_____

2. Sind Sie Student?   Nein, _____

_____

3. Sind Sie ein Frosch?   Ja, _____

_____

B. Was antwortet Manfred?

1. Sind Sie Schauspieler?   Nein, _____

_____

2. Sind Sie Sänger?   Nein, _____

_____

3. Sind Sie Student?   Ja, _____

_____

C. Was antwortet Siglinde?

Sind Sie Wissenschaftlerin?   Nein, ich bin keine Wissenschaftlerin.

1. Sind Sie Politikerin?   Nein, _____

_____

2. Sind Sie Sängerin?   Nein, _____

_____

3. Sind Sie Studentin?   Ja, _____

_____

11

E. Der? Die? Das?

1. _____ Haus
2. _____ Uhr
3. _____ Zahnbürste
4. _____ Koffer
5. _____ Buch

6. _____ Bleistift
7. _____ Fahrrad
8. _____ Telefon
9. _____ Frau
10. _____ Hund

F. Siglinde liebt Rot.

Sie hat ein Telefon.   **Das**   Telefon ist rot.

1. Sie hat ein Buch.   _____ Buch ist rot.

2. Sie hat eine Brille.   _____ Brille ist rot.

3. Sie hat ein Fahrrad.   _____ Fahrrad ist rot.

4. Sie hat einen Koffer.   _____ Koffer ist rot.

5. Sie hat eine Katze.   _____ Katze ist rot.

6. Sie hat einen Hut.   _____ Hut ist rot.

7. Sie hat einen Bikini.   _____ Bikini ist grün, denn Emil liebt Grün.

G. Schreiben Sie das Gespräch „Siglinde hat alles." Folgen Sie dem Beispiel:

(Katze) Suchen Sie eine Katze?
Nein danke, ich habe schon eine rote Katze.

1. (Uhr) _____?

_____.

2. (Buch) _____?

_____.

3. (Hut) _____?

_____.

4. (Fahrrad) _____?

_____.

5. (Bleistift) _____?

_____.

6. (Telefon) _____?

_____.

7. (Brille) _____?

_____.

8. (Koffer) _____?

_____.

Aha, Sie lieben Rot.
Suchen Sie einen roten Bikini?   Nein danke, ich habe schon einen grünen
Bikini.

H. Schreiben Sie das Gespräch „Manfred hat nichts." Folgen Sie dem Beispiel:

(Haus) Haben Sie ein Haus?
Nein, ich habe leider kein Haus.

1. (Telefon) _____?

_____.

2. (Fahrrad) _____?

_____.

3. (Katze) _____?

_____.

4. (Koffer) _____?

_____.

5. (Zahnbürste) _____?

_____.

6. (Hut) _____?

_____.

7. (Hund) _____?

_____.

aber ich habe einen Bart.

I. **Manfred liebt Gelb. Was sucht er? Folgen Sie Siglinde:**

Er sucht ein gelbes Telefon.

1. _____
   _____ .

2. _____
   _____ .

3. _____
   _____ .

4. _____
   _____ .

5. _____
   _____ .

6. _____
   _____ .

3

Siglinde und der Zollbeamte.

(Ein Gespräch.)

Zollbeamter: Wo ist Ihr Pass? Haben Sie keinen Pass?

Siglinde: Doch, doch, ich habe einen. Hier ist mein Pass.

Zollbeamter: Woher kommen Sie?

Siglinde: Ich komme aus Deutschland, und ich fliege nach Amerika.

Zollbeamter: Haben Sie etwas zu verzollen?

Siglinde: Nein, nichts.

Zollbeamter: Ist das Ihr Gepäck?

Siglinde: Ja, das ist mein Gepäck.

Zollbeamter: Schnell, ich habe keine Zeit. Aufmachen!

Siglinde: Hier bitte.

Zollbeamter: Haben Sie Kaffee?

Siglinde: Nein, ich habe keinen. Kaffee ist nicht gut für mein Herz.

Zollbeamter: Haben Sie Tee?

Siglinde: Nein, ich habe keinen. Tee ist nicht gut für mein Herz.

Zollbeamter: Still! Sprechen Sie nicht so viel! Haben Sie Wein?

Siglinde: Nein, ich habe keinen. Ich trinke nicht gern.

Zollbeamter: Haben Sie Zigaretten?

Siglinde: Nein, ich habe keine. Ich rauche nicht gern.

Zollbeamter: Haben Sie eine Zahnbürste?

Siglinde: Natürlich habe ich eine.

Zollbeamter: Haben Sie Stoff?

Siglinde: Was denken Sie? Natürlich habe ich keinen.

A. Antworten Sie „richtig" oder „falsch":

1. Siglinde hat einen Pass. _____

2. Sie fliegt nach Deutschland. _____

3. Sie kommt aus Deutschland. _____

4. Siglinde hat Gepäck. _____

5. Der Zollbeamte hat keine Zeit. _____

6. Siglinde hat keinen Tee. _____

7. Sie raucht gern. _____

8. Siglinde hat keine Zahnbürste. _____

B. Finden Sie die richtigen Paare:

1. Wo ist Ihr Pass?   a. Nein, ich habe keinen.
2. Haben Sie Kaffee?   b. Ich fliege nach Amerika.
3. Wo ist Ihr Gepäck?   c. Ich komme aus Deutschland.
4. Haben Sie eine Zahnbürste? d. Hier ist mein Pass.
5. Woher kommen Sie?   e. Natürlich habe ich eine.
6. Wohin fliegen Sie?   f. Hier ist mein Gepäck.

C. Emil ist nicht sehr geduldig. Was sagt er? Folgen Sie dem Beispiel:

Heissen Sie Emil? Natürlich heisse ich Emil.

1. Sind Sie ein Frosch? _____.

2. Sind Sie grün?_____.

3. Wohnen Sie im Wasser? _____.

4. Lieben Sie Grün? _____.

D. Siglinde ist sehr geduldig. Was sagt sie?

Woher kommen Berliner? Berliner kommen aus Berlin.

1. Woher kommen Frankfurter? _____.

2. Woher kommen Hamburger? _____.

3. Woher kommen Wiener? _____.

4. Woher kommt Dortmunder?_____.

E. Manfred bekommt viel Post. Was hat er heute? Folgen Sie dem Beispiel:

(die Karte / England)
Er hat eine Karte aus England.

1. (die Karte / Paris) _____.

2. (der Brief / Frankfurt) _____.

3. (das Paket / Berlin)_____.

4. (der Brief / Düsseldorf)_____.

5. (das Telegramm / Hong Kong) _____.

F. Vervollständigen Sie:

1. _____ kommen Sie? Ich komme _____ Frankreich.

2. _____ fliegen Sie? Ich fliege _____ England.

3. _____ Sie Gepäck? Ja, ich habe einen _____ Koffer.

4. Aha, Sie _____ Gelb?

5. Haben _____ Kaffee? Nein, ich habe _____.

6. Haben _____ Wein? Ja, ich _____ viel _____.

Danke.

4

Der Flughafen.

Hier starten und landen die Flugzeuge.
Hier sind viele Menschen und viele Flugzeuge.
Hier ist das Flughafengebäude.
Hier ist die Zollstation.
Hier ist der Zollbeamte.
Er heisst Emil.

Er hat schlechte Laune,
denn er arbeitet nicht gern.

Er schläft gern.

Er isst gern.

Er raucht gern.

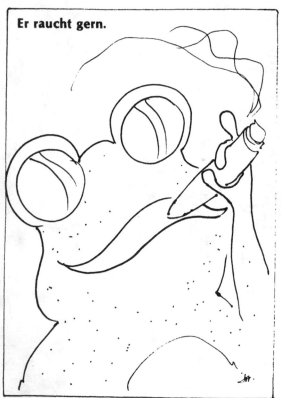

Er trinkt gern.

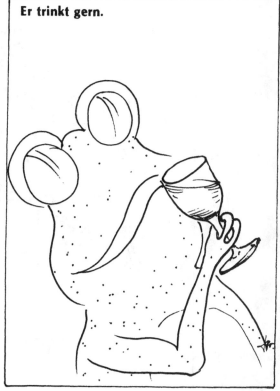

Er liest gern Zeitung.

Er hört gern Musik.

Er sieht gern schöne Mädchen.

Aber er arbeitet nicht gern.

Drei Wochen im Wasser.

Ein deutsches Fernsehspiel.

Die Spieler: Kandidat Nummer eins
Kandidat Nummer zwei
Kandidat Nummer drei

und natürlich Fräulein Siglinde.

S: Kandidat Nummer eins, was trinken Sie gern?

K1: Das ist keine Frage, natürlich Rotwein aus Frankreich.

S: Nummer zwei?

K2: Ich trinke natürlich Weisswein aus Deutschland.

S: Und Nummer drei?

K3: Ich trinke alles.

S: Nummer drei, Sie haben eine schöne Stimme.
Nummer eins, wohin fliegen Sie gern?

K1: Natürlich fliege ich gern nach Frankreich und trinke dort Rotwein.

S: Nummer zwei, wohin fliegen Sie gern?

K2: Ich fliege gern nach Amerika und spreche dort Englisch.

S: Nummer drei?

K3: Ich fliege nicht gern. Ich bleibe gern zu Haus, natürlich mit Ihnen, Fräulein
Siglinde.

S: Nicht so schnell, Kandidat Nummer drei.
Nummer eins, was lesen Sie gern?

K1: Ich lese gern französische Bücher, besonders Proust.

S: Und Nummer zwei?

K2: Ich lese alles. Ich lese gern politische Bücher, deutsche Bücher, russische Bücher,
besonders *Krieg und Frieden* von Tolstoi.

S: Hm, Sie haben keine Zeit für mich.
Und Nummer drei, was lesen Sie gern?

K3: Ich lese nicht gern. Lesen ist nicht gut für meine Augen. Ich sehe Sie gern,
Fräulein Siglinde.

S: Nicht so schnell, Kandidat Nummer drei.
Nummer eins, was sind Sie?

K1: Ich bin Schauspieler.

S: Wunderbar, ich liebe Schauspieler.
Und Nummer zwei?

K2: Ich bin Athlet.

S: Mein Gott, das ist wunderbar. Athlet ist besser. Ich liebe schöne Körper und starke
Muskeln. Was sind Sie, Nummer drei?

K3: Ich bin ein Prinz!
Natürlich nehme ich Kandidat Nummer drei.

(Siglinde sieht die drei Kandidaten.)

S: Kandidat Nummer drei, Sie sind kein Prinz, Sie sind ein Frosch!

K3: Ach was, küssen Sie mich.

Ein Gespräch zwischen Emil und Siglinde.

Siglinde: Ich lese gern das Märchen *Der Froschkönig*.

Emil: Ich auch. Was trinken Sie gern?

Siglinde: Ich trinke gern Wasser.

Emil: Ich auch. Was hören Sie gern?

Siglinde: Ich höre gern die Fliegen summen.

Emil: Ich auch. Wo schlafen Sie gern?

Siglinde: Ich schlafe gern zu Haus.

Emil: Ich schlafe nicht gern zu Haus. Was rauchen Sie gern?

Siglinde: Ich rauche gern Zigaretten.

Emil: Ich rauche nicht gern Zigaretten. Was essen Sie gern?

Siglinde: Ich esse gern Froschschenkel.

Emil: Ich esse nicht gern Froschschenkel. Was sehen Sie gern?

Siglinde: Ich sehe Sie gern.

Emil: Mein Fräulein, Sie sind nicht mein Typ.

A. Folgen Sie dem Beispiel:

    Schlafen Sie gern?   Ja, wir schlafen gern.

1. Essen Sie gern?   Ja, _____.

2. Rauchen Sie gern?   Ja, _____.

3. Lesen Sie gern?   Ja, _____.

4. Trinken Sie gern?   Ja, _____.

5. Hören Sie gern Musik? Ja, _____.

6. Sehen Sie gern Frösche? Ja, _____.

    Arbeiten Sie gern?   Nein, wir arbeiten nicht gern.

B. Folgen Sie dem Beispiel:

    Schlafen Sie gern?   Nein, ich schlafe nicht gern.

1. Essen Sie gern?   _____.

2. Rauchen Sie gern?   _____.

3. Trinken Sie gern? _____.

4. Lesen Sie gern? _____.

5. Hören Sie gern Jazz? _____.

6. Sehen Sie gern Mäuse? _____.

C. Beantworten Sie die Fragen:

1. Schläft Emil gern? _____.

2. Isst Emil gern? _____.

3. Raucht Emil gern? _____.

4. Trinkt Emil gern? _____.

5. Hört Emil gern Musik? _____.

6. Liest Emil gern Zeitung? _____.

7. Sieht Emil gern schöne Mädchen? _____.

D. Was macht Emil gern? Folgen Sie dem Beispiel:

Ich schlafe gern im Bett. _____.

/im Wasser _____.

/im Park _____.

/im Konzert _____.

aber ich schlafe nicht gern zu Haus.

_____.

Ich esse gern Knackwurst _____.

/Wiener Schnitzel _____.

/Hamburger _____.

/Hühnersuppe _____.

aber ich esse nicht gern Froschschenkel.

_____.

Ich lese gern Zeitung _____.

/Zeitschriften _____.

/Märchen _____.

aber ich lese nicht gern Romane.

_____.

Ich trinke gern Weisswein   _____.

        / Rotwein   _____.

        / Bier   _____.

        / Wasser   _____.

aber ich trinke nicht gern Kaffee.

        _____.

Ich höre gern Jazz   _____.

        / moderne Musik   _____.

        / klassische Musik _____.

aber ich höre nicht gern die Vögel singen.

        _____.

E.   **Beantworten Sie die Fragen:**

    1. Wo schläft Emil gern? _____.

    2. Wo schläft er nicht gern? _____.

    3. Wo schlafen Sie gern? _____.

    4. Was isst Emil gern? _____.

    5. Was isst er nicht gern? _____.

    6. Was liest Emil gern? _____.

    7. Was liest Emil nicht gern? _____.

    8. Was lesen Sie gern? _____.

    9. Was sieht Emil gern? _____.

  10. Was sehen Sie gern? _____.

5

Die Katze ist auch froh.

Das Flugzeug nach Frankfurt und die Passagiere.

DAS FLUGZEUG.   Es kommt aus Japan, und es fliegt nach Frankfurt.
Es ist klein, und es ist grün.
Es hat eine Tür und ein Fenster.

Das Flugzeug kommt aus Japan, und es fliegt nach Frankfurt.

DER KAPITÄN.   Das ist Herr Schmidt. Er ist Kapitän.
                    Er fliegt das Flugzeug nach Frankfurt.
                    Er fliegt gern.
                    Er hat eine Uniform. Sie ist blau.
                    Er wohnt in Frankfurt, und er ist froh.
                    Er ist froh, weil er nach Frankfurt fliegt.

DIE STEWARDESS.   Das ist Fräulein Wang. Sie fliegt auch gern.
                    Sie bringt das Essen. Und sie bringt Wein und Schnaps.
                    Sie kommt aus China, aber sie wohnt in Frankfurt. Sie
                         spricht deutsch und englisch.
                    Natürlich spricht sie chinesisch.

Fräulein Wang spricht deutsch und englisch. Natürlich spricht sie chinesisch.

HERR FINGERFERTIG.   Er ist Mechaniker. Er repariert das Flugzeug.
                       Er ist intelligent aber faul. Er arbeitet nicht gern.

HERR LANGSCHLAF.   Er ist ein Passagier. Er schläft gern, aber er fliegt nicht
                             gern.
                       Er läuft schnell, weil er spät ist.
                       Er hat kein Gepäck, aber er hat eine kleine Tasche.

EVA.   Das ist die kleine Eva.
                       Sie hat eine Mutter, aber sie fliegt allein.
                       Sie ist klein aber laut.
                       Sie weint, weil sie allein nach Frankfurt fliegt.

Eva ist klein aber laut.

**HERR MÜLLER UND
FRÄULEIN FLEISSIG.**

Herr Müller und die Sekretärin.

Herr Müller ist alt, aber er hat viel Geld.

Fräulein Fleissig ist jung, und sie hat kein Geld.

Herr Müller ist dick, aber er hat einen Mercedes.

Fräulein Fleissig ist schlank, und sie hat keinen Mercedes.

Herr Müller ist froh, weil er einen Mercedes hat.

Fräulein Fleissig ist froh, weil sie Herrn Müller hat.

Sie fliegen zusammen nach Frankfurt.

Sie sind froh, weil sie zusammen fliegen.

**Herr Müller und Fräulein Fleissig sind
froh, weil sie zusammen fliegen.**

GUDRUN.
Das ist die kleine Gudrun.
Sie ist froh, weil sie nicht allein fliegt.
Sie hat eine Katze.
Sie ist froh, weil sie eine Katze hat.
Die Katze ist froh, weil sie einen Sitzplatz hat.

Die Katze ist froh, weil sie einen Sitzplatz hat.

A. Antworten Sie „richtig" oder „falsch":

1. Das Flugzeug ist gross und gelb. _____

2. Der Kapitän heisst Gumpelsheimer. _____

3. Der Kapitän weint, weil er nicht gern fliegt. _____

4. Die Stewardess fliegt das Flugzeug nach Boston. _____

5. Der Kapitän wohnt in Frankfurt. _____

6. Fräulein Wang spricht natürlich chinesisch. _____

7. Herr Langschlaf arbeitet gern, aber er schläft nicht gern. _____

8. Er hat viel Gepäck, aber er hat keine Tasche. _____

9. Die kleine Eva hat eine Mutter. _____

10. Die kleine Eva ist nicht froh, weil sie allein fliegt. _____

11. Herr Müller hat eine Sekretärin. _____

12. Die Sekretärin heisst Fräulein Faul. _____

B. Schreiben Sie die Geschichte „Der Orientexpress":

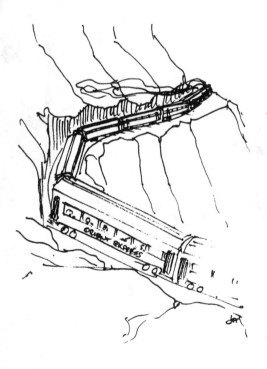

DER ZUG

1. Er kommt aus _____.

2. Er geht nach _____.

3. Er ist _____

   und _____.

HANS BÖSEWICHT

4. Er ist _____

aber _____.

5. Er kommt aus _____,

aber er spricht _____.

6. Er wohnt in _____.

7. Er ist froh, weil er

ein___ _____ hat.

8. Er _____ gern, aber

er _____ nicht gern.

INSPEKTORIN SCHLAUMEIER

9. Sie kommt aus _____,

aber sie wohnt in _____.

10. Sie ist _____,

und sie spricht _____.

11. Sie _____ gern.

12. Sie sucht _____.

C. Beantworten Sie die Fragen:

1. Woher kommt das Flugzeug? _____.

2. Wohin fliegt das Flugzeug? _____.

3. Wie heisst der Kapitän? _____.

4. Wo wohnt er? _____.

5. Wie heisst die Stewardess? _____.

6. Was bringt sie? _____.

7. Wer repariert das Flugzeug? _____.

8. Was macht Herr Langschlaf gern? _____.

6

Siglinde in Manhattan.

Eine sehr traurige Geschichte.

Siglinde nimmt ein Flugzeug.
Sie fliegt nach New York.
Sie landet in New York.

Sie sieht einen Bus.
Sie nimmt den Bus und fährt zum Times Square.
Sie sieht einen Wolkenkratzer.

Sie sieht viele Wolkenkratzer.
Sie sieht viele Menschen.
Sie sieht viele Autos.
Sie sieht viele Hunde.
Sie sieht viele alte Zeitungen.

Sie nimmt die Zeitungen.
Sie wirft die Zeitungen in den Papierkorb, weil sie aus Deutschland kommt!

Sie geht ins Kino und sieht einen Filmstar.

Sie geht ins Ballett und sieht moderne Tänze.
Sie geht ins Museum und sieht einen Andy Warhol.
Sie geht ins Konzert und hört klassische Musik.

Sie geht in die Oper und hört *Götterdämmerung*.
Sie geht in die Schule und lernt Englisch.

Sie sieht eine U-Bahn.
Sie nimmt die U-Bahn und fährt zur West-Seite.

Sie geht in den Park.

Sie sieht viele Tauben und Eichhörnchen.
Sie füttert die Tauben und Eichhörnchen.

Ein Eichhörnchen sieht Siglinde.

Es nimmt ihre Tasche.
Siglinde weint.

Sie sieht ein Flugzeug.
Sie nimmt das Flugzeug und fliegt nach Haus.

Emil ist nicht froh.

Er ist in Frankfurt und denkt an Siglinde in Manhattan.

Sie sieht viele Wolkenkratzer.   Ich sehe nichts.
Sie sieht viele Menschen.   Ich sehe niemand.
Sie sieht einen Filmstar.   Ich sehe einen Frosch.

Sie nimmt ein Flugzeug.   Ich nehme ein Fahrrad.
Sie nimmt eine U-Bahn.   Ich nehme nichts.

Sie fährt zur West-Seite.   Ich fahre zur Arbeit.
Sie fährt zum Times-Square.   Ich fahre zum Flughafen.

A. **New York ist natürlich sehr schön. Siglinde sieht alles und sie nimmt natürlich alles. Folgen sie den Beispielen.**

Sie sieht ein Flugzeug.   Sie nimmt das Flugzeug.

1. Sie sieht ein Fahrrad.   _____.

2. Sie sieht ein Taxi.   _____.

3. Sie sieht ein Buch.   _____.

Sie sieht eine U-Bahn.   Sie nimmt die U-Bahn.

4. Sie sieht eine Strassenbahn.   _____.

5. Sie sieht eine Zeitung.   _____.

6. Sie sieht eine Katze.   _____.

Sie sieht einen Bus.   Sie nimmt den Bus.

7. Sie sieht einen Zug.   _____.

8. Sie sieht einen Hund.   _____.

9. Sie sieht einen Wolkenkratzer. _____.

Sie sieht viele Zeitungen und wirft sie in den Papierkorb.

B. Was nimmt Siglinde? Beantworten Sie die Fragen.

     das Flugzeug   Was nimmt Siglinde? Sie nimmt ein Flugzeug.

1. das Buch _____.

2. das Auto _____.

3. das Fahrrad_____.

     die Bahn   Was nimmt Siglinde? Sie nimmt eine Bahn.

4. die Strassenbahn _____.

5. die U-Bahn _____.

6. die Tasche _____.

     der Zug   Was nimmt Siglinde? Sie nimmt einen Zug.

7. der Bus _____.

8. der Hund _____.

9. der Koffer _____.

C. Ein Gespräch am Times Square. Ein New Yorker zeigt Siglinde viele Dinge in New York. Er denkt, Siglinde sieht nicht gut, aber Siglinde sieht natürlich alles. Was sagt sie?

     Hier ist ein Bus.   Ja, ich sehe den Bus.

1. Hier ist eine Katze. _____.

2. Hier ist ein Hund. _____.

3. Hier ist ein Taxi. _____.

4. Hier ist ein Zug. _____.

5. Hier ist eine U-Bahn. _____.

6. Hier ist ein Fahrrad. _____.

7. Hier sind Zeitungen. _____.

     Mein Fräulein, was machen Sie?   Ich nehme die Zeitungen und werfe sie in den Papierkorb.

     Aha, Sie kommen aus Deutschland? Natürlich komme ich aus Deutschland.

D. Siglinde fragt nach dem Weg. Folgen Sie dem Beispiel:

Wie komme ich zum Times-Square? (das Taxi)
Nehmen Sie das Taxi zum Times-Square.

1. Wie komme ich zum Flughafen? (der Zug)

   _____.

2. Wie komme ich zum Park?   (das Fahrrad)

   _____.

3. Wie komme ich zum Hotel?   (die U-Bahn)

   _____.

4. Wie komme ich zur West-Seite? (der Bus)

   _____.

5. Wie komme ich nach Boston?   (das Flugzeug)

   _____.

6. Wie komme ich nach Haus?   (das Auto)

   _____.

E. Siglinde reist gern. Beantworten Sie die Fragen:

1. Siglinde nimmt das Flugzeug. Wohin fliegt sie?

   _____.

2. Sie nimmt den Zug. Wohin fährt sie?

   _____.

3. Sie nimmt den Bus. Wohin fährt sie?

   _____.

4. Sie nimmt das Taxi. Wohin fährt sie?

   _____.

5. Sie nimmt das Auto. Wohin fährt sie?

   _____.

6. Sie nimmt das Fahrrad. Wohin fährt sie?

   _____.

F. Raten Sie: (ins/in die/in den)

1. Sie sieht *Götterdämmerung*. Wohin geht sie?

   _____.

2. Sie lernt Englisch. Wohin geht sie?

   _____.

3. Sie sieht einen Filmstar. Wohin geht sie?

   _____.

4. Sie sieht einen Andy Warhol. Wohin geht sie?

   _____.

5. Sie sieht moderne Tänze. Wohin geht sie?

   _____.

6. Sie füttert die Tauben. Wohin geht sie?

   _____.

7

Man muss grün sein, und man muss Talent haben.

*Ein Gespräch auf der Strasse.
Manfred, Siglinde und dann Emil.*

M: Ah, guten Tag Siglinde. Ich freue mich Sie zu sehen.

S: Guten Tag, Manfred. Ich bin spät.

M: Darf ich Sie etwas fragen?

S: Ja, aber fragen Sie schnell. Ich habe keine Zeit.

M: Ich will jetzt ins Restaurant gehen und essen. Darf ich Sie einladen?

S: Nein danke, ich habe keinen Hunger.

M: Vielleicht darf ich Sie morgen einladen?

S: Das geht leider nicht. Morgen muss ich zu Haus bleiben. Ich muss viel lesen, und ich muss viele Briefe schreiben.

M: Vielleicht übermorgen?

S: Das geht leider auch nicht. Übermorgen muss ich meine Mutter anrufen. Und dann muss ich früh ins Bett gehen.

M: Darf ich Sie anrufen?

S: Das geht leider auch nicht. Mein Telefon ist kaputt und niemand kann es reparieren.

E: Guten Tag. Wie geht's? Ich will jetzt ins Kino gehen. Ich will den Film ,,Super-frosch'' sehen.

S: Den Film will ich auch sehen.

E: Sehr interessant. Auf Wiedersehn.

S: Emil, warten Sie. Darf ich mitkommen?

E: Hm, hm, na gut, aber Sie müssen mich einladen.

M: Mit Frauen muss man Talent haben.

Emilia Superfrosch.

Emilia ist eine Superfrau. Sie kann einfach alles.

Sie kann tanzen.

Sie kann schwimmen.

Sie kann segeln.

Sie kann reiten.

Sie kann Klavier spielen.

Sie kann Schach spielen.

Sie kann Tennis spielen.

Sie kann Geschirr spülen.

Sie kann Gulasch kochen.

Sie kann Strümpfe stricken.

Sie kann ein Haus bauen.

Sie kann ein Bild malen.

Sie kann ein Flugzeug reparieren.

Sie kann einen Fernseher reparieren.

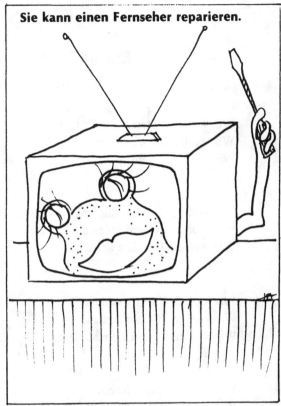

Sie kann einen Film machen.

Und natürlich kann sie Chinesisch.

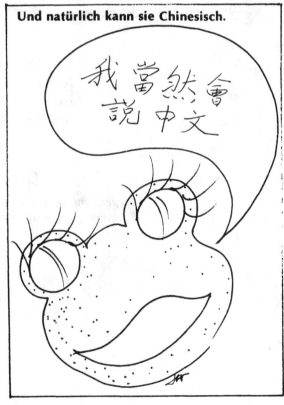

Emilia hält manchmal grosse Reden.

Sie spricht dann gern im Plural.

Wir wollen reiten.
Wir wollen schwimmen.
Wir wollen segeln

aber wir wollen nicht mehr kochen.

Wir wollen Klavier spielen.
Wir wollen Schach spielen.
Wir wollen Tennis spielen

aber wir wollen nicht mehr spülen.

Wir wollen Filme machen.
Wir wollen Häuser bauen.
Wir wollen Opern komponieren

aber wir wollen nicht mehr stricken.

Wir wollen Hegel lesen.
Wir wollen Philosophie machen.
Wir wollen Politik machen

aber wir wollen nicht mehr putzen.

Jetzt sollen die Männer kochen.
Jetzt sollen die Männer spülen.
Jetzt sollen die Männer stricken.
Jetzt sollen die Männer putzen.

Grosse Pläne.

Morgens macht Emil grosse Pläne für den Tag. Das
ist immer sehr anstrengend.

Jetzt muss ich aufstehen.
Dann muss ich den Zug nach Boston nehmen.
Dort muss ich ein Taxi in die Stadt nehmen.
Ich muss einen Freund treffen.
Wir müssen viel arbeiten.
Wir müssen Briefe schreiben.
Wir müssen telefonieren.
So viel Arbeit macht ganz müde.
Jetzt muss ich noch eine Stunde schlafen.

Manfred hat immer Pech.

Darf ich Sie ins Kino einladen?

    Nein, ich kann nicht, ich muss Deutsch lernen.

Darf ich Sie ins Restaurant einladen?

    Nein, ich kann nicht, ich muss arbeiten.

Darf ich Sie ins Theater einladen?

    Nein, ich kann nicht, ich muss meine Mutter anrufen.

Darf ich Sie in die Oper einladen?

    Nein, ich kann nicht, ich muss früh ins Bett gehen.

Darf ich Sie zum Wochenende einladen?

    Nein, ich kann nicht, ich muss die Eichhörnchen füttern.

Darf ich Sie anrufen?

    Das geht leider nicht. Mein Telefon ist kaputt, und niemand kann es reparieren.

Emilia Superfrosch möchte gern einen Supermann.

Aber das ist nicht so einfach.

Können Sie tanzen?   Ja, ich kann sehr gut tanzen.

Können Sie schwimmen?   Ja, ich kann schwimmen.

Können Sie reiten?   Ja, ich kann gut reiten.

Können Sie Schach spielen? Ja, ich kann Schach spielen.

Können Sie Klavier spielen? Ja, ich kann Klavier spielen.

Können Sie Tennis spielen? Ja, ich kann Tennis spielen.

Wunderbar.

Eine letzte Frage.

Können Sie kochen?   Nein, natürlich kann ich nicht kochen.

Schade.

Ein Mann muss kochen können.

Er muss Geschirr spülen können.

Er muss Strümpfe stricken können.

Natürlich muss er Deutsch und Chinesisch können.

Emil repariert gern.

Leider hat er nicht viel Talent.

Mein Flugzeug ist kaputt, können Sie es reparieren?
>Nein, ich kann es nicht reparieren.

Mein Telefon ist kaputt, können Sie es reparieren?
>Nein, ich kann es nicht reparieren.

Mein Fahrrad ist kaputt, können Sie es reparieren?
>Nein, ich kann es nicht reparieren.

Meine Uhr ist kaputt, können Sie sie reparieren?
>Nein, ich kann sie nicht reparieren.

Meine Schreibmaschine ist kaputt, können Sie sie reparieren?
>Nein, ich kann sie nicht reparieren.

Mein Fernseher ist kaputt, können Sie ihn reparieren?
>Nein, ich kann ihn nicht reparieren.

Mein Bus ist kaputt, können Sie ihn reparieren?
>Nein, ich kann ihn nicht reparieren.

Mein Koffer ist kaputt, können Sie ihn reparieren?
>Nein, ich kann ihn nicht reparieren.

Bitte, wo wohnt Emilia?
>Warum?

Meine Kamera ist auch kaputt, und ich weiss, sie kann sie reparieren.

Schlechte Laune.

Willst du ins Kino gehen?	Nein, ich will lieber zu Hause bleiben.
Willst du Zeitung lesen?	Nein, ich will lieber ins Theater gehen.
Willst du Hühnersuppe kochen?	Nein, ich will lieber ins Restaurant gehen.
Willst du Schach spielen?	Nein, ich will lieber Schi laufen.
Willst du schlafen?	Nein, ich will lieber tanzen.
Willst du die Tauben füttern?	Nein, ich will lieber die Eichhörnchen füttern.

Emil hat immer Probleme.

Er möchte lange schlafen, aber er muss arbeiten.
Er möchte Wein trinken, aber er muss Wasser trinken.
Er möchte reiten, aber er muss schwimmen.
Er möchte Hegel lesen, aber er muss Fliegen fangen.
Er möchte Schach spielen, aber er muss springen.
Er möchte ein Wasserbett haben, aber er muss im Teich schlafen.
Er möchte schöne Mädchen sehen, aber er muss arbeiten.

A. Denken Sie an Emil und seine Probleme. Sicher haben Sie ähnliche. Bilden Sie Sätze nach dem Muster:

Ich möchte nach Afrika fliegen, aber ich muss nach Boston fliegen.

1. Ich möchte Bier trinken, aber ich muss _____.

2. Ich möchte ins Theater gehen, aber _____.

3. Ich möchte ein Auto kaufen, aber _____.

4. Ich möchte Tennis spielen, _____.

5. Ich möchte _____.

6. Ich möchte _____.

B. Antworten Sie nach dem Muster:

Sie schreibt Briefe. Er will auch Briefe schreiben.

1. Sie telefoniert. _____.

2. Sie schläft. _____.

3. Sie fährt nach Boston. _____.

4. Sie arbeitet. _____.

5. Sie kocht Gulasch. _____.

6. Sie spricht perfekt deutsch. _____.

7. Sie hört Wagner. _____.

8. Sie sieht einen Film. _____.

9. Sie geht ins Theater. _____.

C. Bilden Sie Sätze nach dem Muster:

Hier ist der Koffer. Danke, ich brauche ihn nicht.

   1. Hier ist die Zahnbürste. _____.

   2. Hier ist die Kamera. _____.

   3. Hier ist der Bus. _____.

   4. Hier ist die Uhr. _____.

   5. Hier ist der Bleistift. _____.

   6. Hier ist die Brille. _____.

   7. Hier sind die Bücher. _____.

   8. Hier sind die Briefe. _____.

D. Bilden Sie Sätze nach dem Muster:

(der Bus) Sehen Sie den Bus?
Nein, ich kann ihn nicht sehen.

   1. (das Flugzeug) _____?

_____.

   2. (der Hund) _____?

_____.

   3. (die Stadt) _____?

_____.

   4. (der Frosch) _____?

_____.

   5. (das Eichhörnchen) _____?

_____.

   6. (die U-Bahn) _____?

_____.

   7. (der Zug) _____?

_____.

8

Seit wann ist das so teuer?

Siglinde: Herr Wurstlmacher, ich habe Gäste. Was soll ich kochen?
Wurstlm.: Eine Gans ist immer gut.
Siglinde: Fabelhaft. Was kostet ein Pfund?
Wurstlm.: Ein Pfund Gans kostet zehn Mark.
Siglinde: Wieviel wiegt diese Gans?
Wurstlm.: Sie wiegt acht Pfund und kostet achtzig Mark.
Siglinde: Um Himmels Willen!!! Seit wann ist das so teuer?
Wurstlm.: Schon seit einem Jahr.

Wurstlm.: Nehmen Sie Huhn. Das ist auch immer gut.
Siglinde: Phantastisch. Was kostet ein Pfund?
Wurstlm.: Ein Pfund Huhn kostet fünf Mark.
Siglinde: Wieviel wiegt dieses Huhn?
Wurstlm.: Es wiegt sechs Pfund und kostet dreissig Mark.
Siglinde: Um Himmels Willen!!! Seit wann ist das so teuer?
Wurstlm.: Schon seit einem Monat.

Wurstlm.: Nehmen Sie Schweinefleisch. Das ist auch immer gut.
Siglinde: Grossartig. Was kostet ein Pfund?
Wurstlm.: Ein Pfund Schweinefleisch kostet vier Mark.
Siglinde: Wieviel wiegt dieses Stück?
Wurstlm.: Es wiegt drei Pfund und kostet . . .
Siglinde: . . . zwölf Mark. Ich kann auch rechnen. Seit wann ist das so teuer?
Wurstlm.: Schon seit einer Woche.

Wurstlm.: Nehmen Sie Gulasch. Gäste lieben Gulasch.
Siglinde: Sehr gut. Was kostet ein Pfund?
Wurstlm.: Ein Pfund Gulasch kostet sieben Mark.
Siglinde: Wunderbar. Ich nehme ein viertel Pfund.

Einkaufen ist kompliziert.

Ich brauche Brot. Wo gibt es Brot?
    Brot bekommen Sie beim Bäcker.
Ich brauche Fleisch. Wo gibt es Fleisch?
    Fleisch bekommen Sie beim Metzger.

Ich brauche Seife. Wo gibt es Seife?

    Seife bekommen Sie in der Drogerie.

Ich brauche Aspirin. Wo gibt es Aspirin?

    Aspirin bekommen Sie in der Apotheke.

Ich brauche Milch. Wo gibt es Milch?

    Milch bekommen Sie im Milchgeschäft.

Ich brauche Obst. Wo gibt es Obst?

    Obst bekommen Sie im Obstgeschäft.

Ich brauche Fisch. Wo gibt es Fisch?

    Fisch bekommen Sie im Fischgeschäft.

Ich brauche Apfelstrudel. Wo gibt es Apfelstrudel?

    Apfelstrudel bekommen Sie in der Konditorei.

Was? Acht Geschäfte für acht Sachen??

    Natürlich bekommen Sie auch alles im Kaufhaus.

A. **Vervollständigen Sie das Gespräch „Siglinde beim Bäcker":**

1. Ich _____ Gäste zum Kaffee. _____ soll ich kaufen?

2. Der Apfelstrudel _____ heute sehr gut.

3. Was _____ das Stück?

4. _____ kostet zwölf Mark.

5. _____ wann ist das so _____?

6. Seit _____ Monat. _____ Sie Mohnkuchen.

7. _____ kostet _____ Stück?

8. Es kostet 11 _____.

9. _____ wann ist das so _____?

10. Seit _____ Woche.

B. **Beantworten Sie die Fragen:**

    Wo gibt es Kuchen?   In der Konditorei.

1. Wo gibt es Äpfel? _____.

2. Wo gibt es Knackwurst? _____.

3. Wo gibt es Brötchen? _____.

4. Wo gibt es Käse? _____.

5. Wo gibt es Schweinefleisch? _____.

6. Wo gibt es Schnitzel? _____.

7. Wo gibt es Butter? _____.

8. Wo gibt es Sachertorte? _____.

9

Im Park: Ein Spaziergang.

Siglinde und Manfred wollen spazieren gehen. Sie gehen in den Park. Dort ist es immer interessant. Man kann dort Tennis spielen. Man kann die Leute sehen. Sie sehen eine Schauspielergruppe. Die Gruppe übt für eine griechische Tragödie.

Siglinde ist sehr sportlich.

Sie trägt ihren Tennisrock.
Sie hat ihren Tennisball.
Sie hat ihren Tennisschläger.

Sie trägt ihre Tennisbluse
und sie hat ihre Zahnbürste—für alle Fälle.

Sie hat ihr Schachspiel.
Sie hat ihr Kochbuch.
Natürlich trägt sie ihre Tennisschuhe.

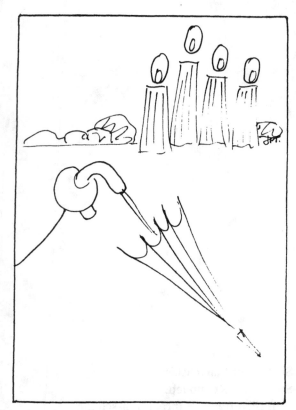

Manfred ist nicht sportlich, er ist vernünftig.

Er hat seinen Regenschirm, denn es kann regnen.
Er hat seinen Regenmantel,
denn man kann nie wissen.

Er hat seine Brieftasche,
denn Siglinde braucht immer Geld.
Er hat seine Kamera, denn er will
die Eichhörnchen fotografieren.
Er hat sein Unterhemd,
und er hat sein Taschentuch,
denn er ist vernünftig.

Plötzlich kommt ein Dieb.
Er geht zu Manfred, denn er ist auch vernünftig.
Er sagt:
Geben Sie mir Ihren Regenschirm und Ihren Regenmantel!

Die Schauspielergruppe übt für eine griechische Tragödie.
Sie sehen Manfred und den Dieb. Sie sagen:

Er gibt dem Dieb seinen Regenschirm.
Er gibt ihm seinen Regenmantel.

Der Dieb sagt:

Geben Sie mir Ihre Brieftasche und Ihre Kamera!
Geben Sie mir Ihr Unterhemd und Ihr Taschentuch!

Der Chor sagt:

Er gibt dem Dieb seine Brieftasche.
Er gibt ihm seine Kamera.
Er gibt dem Dieb sein Unterhemd.
Er gibt ihm sein Taschentuch.

Aber der Dieb spielt auch gern Tennis.
Er geht zu Siglinde und sagt:

Geben Sie mir Ihren Tennisball!
Geben Sie mir Ihren Tennisschläger!
Geben Sie mir Ihre Zahnbürste!
Geben Sie mir Ihr Schachspiel! Denn der Dieb spielt auch gern Schach.

Der Chor sagt:

Sie gibt dem Dieb ihren Tennisball.
Sie gibt ihm ihren Tennisschläger.
Sie gibt dem Dieb ihre Zahnbürste.
Sie gibt ihm ihr Schachspiel.

Jetzt kommt eine Diebin. Sie geht zuerst zu Siglinde.
Sie sagt:

Geben Sie mir Ihren Tennisrock!
Geben Sie mir Ihre Tennisbluse!
Geben Sie mir Ihre Tennisschuhe!
Geben Sie mir Ihr Kochbuch!

Der Chor sagt:

Sie gibt der Diebin ihren Tennisrock.
Sie gibt ihr ihre Tennisbluse.
Sie gibt ihr ihre Tennisschuhe.
Sie gibt der Diebin ihr Kochbuch.

Dann geht die Diebin zu Manfred und sagt:

Geben Sie mir Ihre Telefonnummer!
Und Manfred gibt der Diebin seine Telefonnummer, denn er ist vernünftig.

A. Was hat Emil? Folgen Sie dem Beispiel:

Er hat sein Fahrrad.

1. _____

_____

2. _____

_____

3. _____

_____

4. _____

_____

5. _____

_____

6. _____

_____

Was hat Emilia? Folgen Sie dem Beispiel:

Sie hat ihre Suppe.

1. _____

_____

2. _____

_____

3. _____

_____

6. _____

_____

4. _____

_____

5. _____

_____

C. **Emil findet eine alte Lampe.**
Er reibt sie, und ein Geist
kommt aus der Lampe.
Was sagt Emil?
Folgen Sie dem Beispiel:

(Steak / Amerika)   Bringen Sie mir Steak aus Amerika!

1. (Wein / Frankreich)   _____

2. (Kaviar / Russland)   _____

3. (Tee / England)   _____

4. (Käse / Holland)   _____

5. (Espresso / Kolumbien)   _____

6. (Orangen / Kalifornien)   _____

7. (Bier / München)   _____

und bringen Sie mir ein grünes Mädchen aus Irland!

D. **Emil schreibt einen sehr höflichen Brief an das Christkind. Er sagt natürlich**
„Sie" zum Christkind. Was schreibt er?

Bringen Sie mir ein grünes Mädchen.

1. Bringen Sie mir _____.

2. _____.

Ich habe auch einen Freund. Er heisst Manfred.

3. Bringen Sie ihm _____.

4. _____.

Ich habe auch eine Freundin. Sie heisst Siglinde.

5. Bringen Sie ihr _____.

6. _____.

Leider habe ich auch eine Schwester und einen kleinen Bruder.
Sie heisst Emilia, und er heisst Felix.

7. Bringen Sie ihnen _____.

8. _____.

Viele herzliche Grüsse

Emil

E. Emil hat Geburtstag. Er bekommt viele Geschenke. Was fragt Siglinde? Was antwortet Emil? Folgen Sie dem Beispiel:

Von wem ist die Zahnbürste?

Die Zahnbürste ist von meiner Schwester Emilia.

Emilia

Onkel Albrecht

1. _____

_____

Onkel Eduard

2. _____

_____

3. _____

_____

4. _____

_____

5. _____

_____

6. _____

_____

10

„Ich liebe kleine Männer."

Das Telefon klingelt in der Wohnung von Fräulein
Siglinde. Sie spricht in den Hörer:

Siglinde: Ja, hier Schmidt.

Herr Mayer: Guten Abend. Hier ist Mayer. Hoffentlich störe ich nicht. Ich habe Ihre
Telefonnummer vom Computer-Eisbrecherdienst.

Siglinde: Aber nein, Sie stören überhaupt nicht. Ich höre gerade eine neue Schallplatte.
Gefällt Ihnen moderne Musik?

Herr Mayer: Ja, moderne Musik gefällt mir, und moderne Kunst, und moderne
Literatur. Deutsche Filme gefallen mir auch. Haben Sie lange Haare, und tragen
Sie Mini-Röcke?

Siglinde: Ja, meine Haare sind lang, und ich trage immer Mini-Röcke, auch im Winter.

Herr Mayer: Wunderbar. Sie gefallen mir.

Siglinde: Herr Mayer, können Sie kochen?

Herr Mayer: Ja, ich kann sehr gut kochen.

Siglinde: Gut, Sie gefallen mir auch. Ein Mann muss kochen können.

Herr Mayer: Der Computerdienst ist phantastisch. Er gefällt mir sehr. Wann können
wir uns treffen?

Siglinde: Passt es Ihnen am Wochenende?

Herr Mayer: Ja, das passt mir ausgezeichnet.

Siglinde: Gut. Treffen wir uns am Bahnhof unter der Uhr. Ich habe lange Haare, und
ich trage einen roten Mini-Rock. Ich bin ein Meter fünfundsiebzig gross.

Herr Mayer: So ein Blödsinn, der Computer ist Schwindel.

Siglinde: Was ist los Herr Mayer?

Herr Mayer: Ich bin ein Meter fünfzig gross.

Siglinde: Das macht überhaupt nichts. Sie gefallen mir. Ich liebe kleine Männer.

A. Schreiben Sie „richtig" oder „falsch":

1. Siglinde hört gerade eine neue Schallplatte. _____

2. Herr Mayer trägt immer Mini-Röcke. _____

3. Herr Mayer liebt Mini-Röcke. _____

4. Herr Mayer kann sehr gut kochen. _____

5. Herr Mayer hat lange Haare. _____

6. Herr Mayer will Siglinde am Wochenende treffen. _____

7. Siglinde ist ein Meter fünfzig gross. _____

8. Siglinde liebt kleine Männer. _____

B. Suchen Sie die richtigen Paare:

1. Gefällt Ihnen moderne Musik?
2. Haben Sie lange Haare?
3. Können Sie kochen?
4. Gefällt Ihnen klassische Literatur?
5. Gefällt Ihnen München?

6. Gefallen Ihnen kleine Männer?

a. Ja, München gefällt mir.
b. Ja, kleine Männer gefallen mir.
c. Ja, ich habe lange Haare.
d. Ja, moderne Musik gefällt mir.
e. Nein, klassische Literatur gefällt mir nicht.
f. Ja, ich kann sehr gut kochen.

C. Schreiben Sie das Telefongespräch: „Ich bin ein Genie."

1. _____ Abend. Hier _____ Manfred. Hoffentlich störe _____ nicht.

2. Natürlich _____ Sie. Ich _____ gerade Klavier. Ich spiele einfach himmlisch.

3. Spielen _____ klassische _____?

4. Um Himmels Willen. Klassische _____ gefällt _____ nicht.

5. Spielen _____ moderne Musik?

6. Aber nein. Moderne Musik _____ mir auch nicht.

7. Was spielen _____?

8. Ich _____ eine Komposition von _____.

9. Was? Sie _____ komponieren?

10. Natürlich. Ich _____ ein Genie.

Mit wem spricht Manfred?

D. Emils Mutter hat Geburtstag. Das ist ein Problem für Emil. Was sagt er zu der Verkäuferin?

Geben Sie ihr einen Ring.   Schmuck gefällt ihr nicht.

1. Geben Sie ihr ein Buch.   Literatur _____.

2. Geben Sie ihr einen Hut.   Kleider _____.

3. Geben Sie ihr eine Schallplatte.   Musik _____.

4. Geben Sie ihr ein Bild.   Kunst _____.

5. Geben Sie ihr eine Reise nach Paris. Frankreich _____.

6. Geben Sie ihr eine Reise nach Rom. Italien _____.

Was gefällt ihr?   Kleine grüne Männer gefallen ihr.

Leider fliegen wir noch nicht zum Mars.

E. **Kermit, der Frosch aus Amerika, kommt zu Besuch. Siglinde hat viele Ideen, aber Emil denkt anders. Was sagt er?**

Gehen wir in *Die Zauberflöte*.
Deutsche Opern gefallen ihm nicht.

1. Gehen wir in *Die Fledermaus*.

    Deutsche Operetten _____.

2. Gehen wir in *M*.

    Deutsche Filme _____.

3. Gehen wir in *Faust*.

    Deutsche Dramen _____.

Was ist los? Hat Kermit keine Kultur?
Doch, aber er spricht kein Deutsch.

11

Gute Tischmanieren.

Man isst mit der Gabel.

Man isst mit dem Messer.

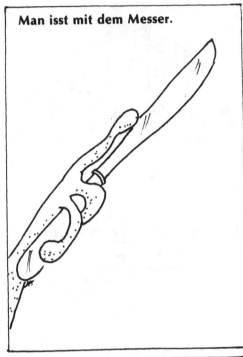

Man isst mit dem Löffel

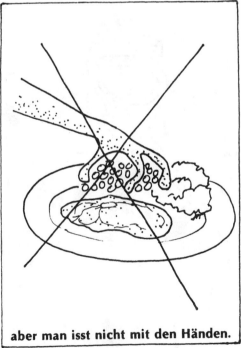

aber man isst nicht mit den Händen.

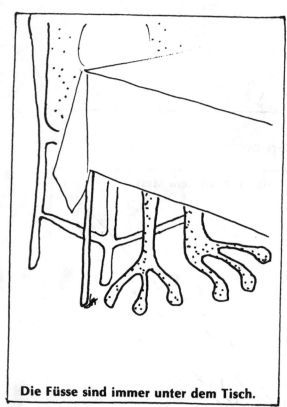

Die Füsse sind immer unter dem Tisch.

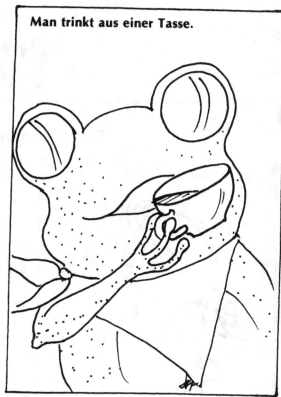

Man trinkt aus einer Tasse.

Man trinkt aus einem Glas

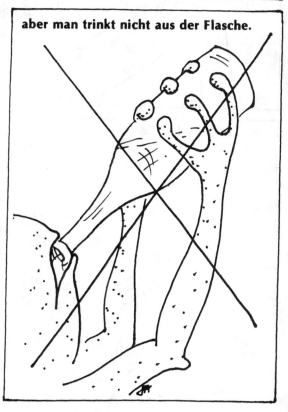

aber man trinkt nicht aus der Flasche.

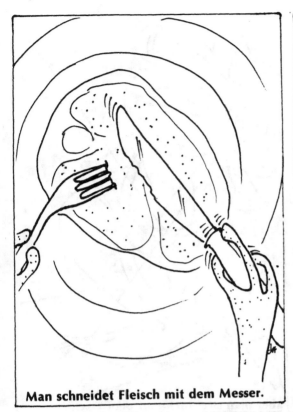

Man schneidet Fleisch mit dem Messer.

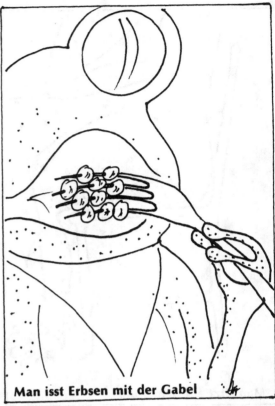

Man isst Erbsen mit der Gabel

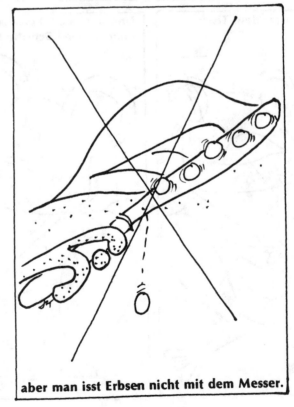

aber man isst Erbsen nicht mit dem Messer.

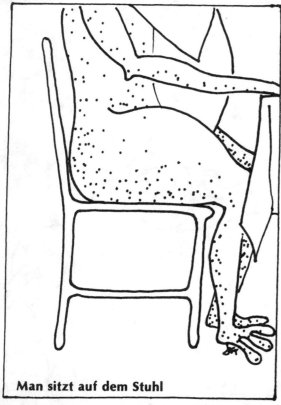

Man sitzt auf dem Stuhl

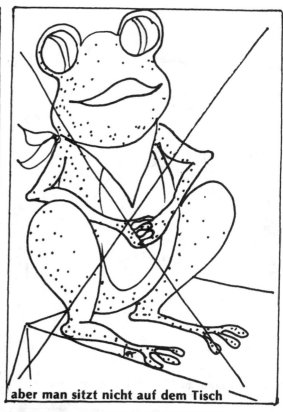

aber man sitzt nicht auf dem Tisch

und man sitzt nicht unter dem Tisch.

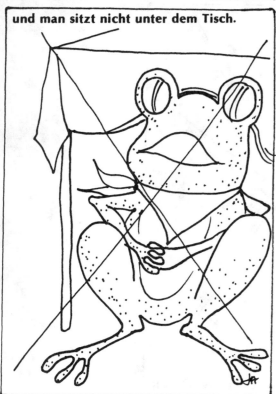

Und nach dem Essen soll man ruhn oder tausend Schritte tun.

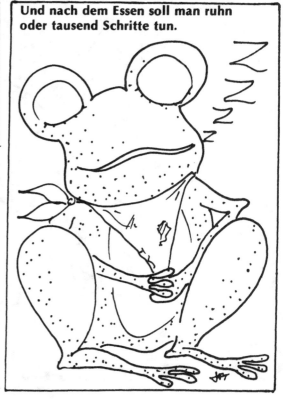

A. **Beantworten Sie die Fragen:**
(Antworten Sie: „aus einer Tasse," „aus einem Glas" oder „aus der Flasche")

1. Wie trinken Sie Wasser? _____

2. Wie trinken Sie Kaffee? _____

3. Wie trinken Sie Bier? _____

4. Wie trinken Sie Rotwein? _____

5. Wie trinken Sie Sekt? _____

6. Wie trinken Sie Milch? _____

B. **Beantworten Sie die Fragen:**
(Antworten Sie: „mit dem Löffel," „mit der Gabel," „mit den Händen")

1. Wie essen Sie Suppe? _____

2. Wie essen Sie Knackwurst? _____

3. Wie essen Sie Bananen? _____

4. Wie essen Sie Spaghetti? _____

5. Wie essen Sie Hamburger? _____

6. Wie Gulaschsuppe? _____

C. Wo ist Emil? Folgen Sie dem Beispiel:

Er ist auf der Zahnbürste.

1. _____

_____

2. _____

_____

3. _____

_____

5. _____

_____

4. _____

_____

12

Liebling, ich komme etwas später.

Eine sehr moralische Verspätungsgeschichte

*Manfred soll heute bei Siglinde essen. Leider muss
Manfred noch arbeiten. Er telefoniert mit Siglinde.*

Liebling, ich bin im Büro. Ich muss noch arbeiten. Ich kann erst in
ein paar Minuten gehen. Natürlich kann ich den Wein bringen. Ja,
Liebling, ich beeile mich.

etwas später:

Liebling. Es tut mir leid. Ich bin am Flughafen. Ich muss auf einen
Freund aus London warten. Er soll heute kommen. Ich muss auf
das Flugzeug aus London warten. Natürlich denke ich an den Wein.
Natürlich denke ich an dich.

etwas später:

Liebling. Es tut mir leid. Ich bin jetzt am Bahnhof. Ich warte auf
den Zug aus London. Vielleicht ist der Freund im Zug, denn er war
nicht im Flugzeug.

etwas später:

Liebling. Es tut mir sehr leid. Ich bin auf der Post. Ich warte auf
einen Anruf. Ja, ich denke an den Wein. Ja, ich beeile mich.

etwas später:

Liebling. Ich komme sofort. Ja, ich beeile mich. Ich bin in der
Bäckerei. Ich muss ganz schnell ein Brot kaufen.

etwas später:

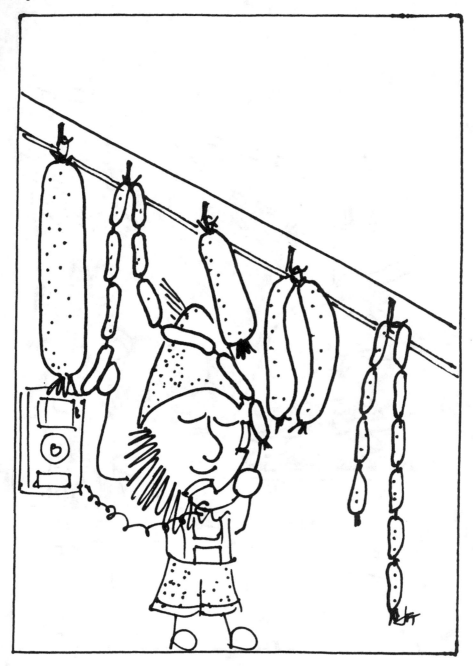

Liebling. Ich bin in der Metzgerei. Ich muss ganz schnell eine Wurst kaufen. Natürlich denke ich an dich. Ja, ich beeile mich.

etwas später:

Ich bin am Kiosk. Ich brauche eine Zeitung. Man muss wissen, was in der Welt passiert. Ja, ich weiss, du wartest auf mich.

etwas später:

Ich bin jetzt im Kaufhaus. Es tut mir leid, es gibt keinen Wein. Es ist zu spät. Ja, ich beeile mich.

etwas später:

Ich bin auf dem Weg. Ich bin nur ganz schnell im Zoo. Du weisst,
ich habe die Affen gern, und die Elefanten und die Katzen. Natürlich beeile ich mich.

etwas später:

Mein Liebling. Es tut mir sehr leid, aber du musst ohne mich essen.
Ich kann leider nicht kommen. Warum?? Ich bin im Gefängnis. Es
war sehr spät, und ich bin sehr schnell gefahren. Ich muss die ganze
Nacht im Gefängnis bleiben. Liebling, ich . . . hallo? Hallo?
Liebling???

Im Auskunftsbüro.

Wo kann ich eine Zeitung kaufen?   Die können Sie am Kiosk kaufen.

Wo kann ich ein Brot kaufen?   Das können Sie in der Bäckerei kaufen.

Wo kann ich einen Koffer kaufen?   Den können Sie im Kaufhaus kaufen.

Wo kann ich die Eichhörnchen füttern? Die können Sie im Park füttern.

Wo kann ich die Affen füttern?   Die können Sie im Zoo füttern.

Wo kann ich Gulaschsuppe essen?   Die können Sie im Restaurant essen.

Wo kann ich moderne Tänze sehen?   Die können Sie im Ballett sehen.

Wo kann ich Deutsch lernen?   Das können Sie in der Schule lernen.

A. Siglinde erzählt Emil ihre Probleme mit Manfred. Emil versteht sofort. Was sagt er?

    Er muss arbeiten.   Ach so, er ist im Büro.

1. Er wartet auf ein Flugzeug. _____.

2. Er wartet auf einen Anruf. _____.

3. Er kauft eine Zeitung. _____.

4. Er kauft Wein. _____.

5. Er kauft Wurst. _____.

6. Er kauft Brot. _____.

7. Er sieht die Affen. _____.

B. Wo ist Siglinde? Raten Sie:

    Sie sagt: ,,Ist die Wurst auch nicht zu salzig?''
    Sie ist in der Metzgerei.

1. Sie sagt: ,,Ist das Brot auch nicht drei Tage alt?''

    Sie ist _____.

2. Sie sagt: ,,Ist die Zeitung auch nicht von gestern?''

    Sie ist _____.

3. Sie sagt: ,,Ist der Wein auch nicht zu süss?''

    Sie ist _____.

Wo ist Manfred? Raten Sie:

4. Er sagt: ,,Der Schauspieler hat zu viele Zähne.''

   Er ist _____.

5. Er sagt: ,,Der Pianist hat zwei linke Hände.''

   Er ist _____.

6. Er sagt: ,,Die Tänzerin hat zwei linke Füsse.''

   Er ist _____.

7. Er sagt: ,,Ich kann auch Suppendosen malen.''

   Er ist _____.

8. Er sagt: ,,Der Lehrer hat keine Ahnung von Grammatik.''

   Er ist _____.

C. Ein Tourist im Ausland hat immer viele Probleme. Folgen Sie dem Beispiel:

Wo bekomme ich eine Zeitung?   Die bekommen Sie am Kiosk.

1. Wo bekomme ich eine Postkarte? _____.

2. Wo bekomme ich eine Briefmarke? _____.

3. Wo kann ich ein Steak kaufen? _____.

4. Wo kann ich ein Brot kaufen? _____.

5. Wo kann ich ein Bier kaufen? _____.

6. Wo kann ich gute Musik hören? _____.

7. Wo kann ich Greta Garbo sehen? _____.

8. Wo kann ich die Gutenberg Bibel lesen? _____.

13

Emil hat Urlaub gemacht.

Er hat viel gesehen und viel erlebt.

Er hat ein Flugzeug genommen
und ist nach Afrika geflogen.
Dort hat er einen Volkswagen gemietet
und hat die Affen fotografiert.
Er hat natürlich im Hilton gewohnt.
Er hat Sekt getrunken,
und dann hat er in Sekt gebadet.

Dann ist er mit Lufthansa nach Deutschland geflogen.
Dort hat er perfekt deutsch gesprochen.
Er hat Postkarten an seine Freunde geschrieben.
Er hat viel Bier getrunken,
und dann hat er in Bier gebadet.

Dann hat er einen Zug nach Italien genommen.
Dort hat er perfekt italienisch gesprochen.
Er hat den ganzen Tag am Strand gelegen
und hat von Mädchen geträumt.
Natürlich hat er einen Sonnenbrand bekommen.
Er hat ein Mädchen im Bikini gesehen,
und er hat dem Mädchen einen Mantel gekauft.
Er hat Rotwein getrunken,
und dann hat er in Rotwein gebadet.

Dann hat er einen Zug nach Wien genommen.
Er ist ins Cafe gegangen und hat Zeitungen gelesen.
Er ist in die Oper gegangen und hat geschlafen.
Natürlich hat er Wiener Schnitzel und Sachertorte gegessen.
Er hat Kaffee getrunken,
und dann hat er in Kaffee gebadet und ist ganz braun geworden.

Kofferpacken.

Siglinde hilft immer gern. Vor dem Urlaub hilft sie
Emil beim Kofferpacken.

Hast du ein Taschentuch?	Ja, ich habe eins gepackt.
Hast du ein Buch?	Ja, ich habe eins gepackt.
Hast du ein Unterhemd?	Ja, ich habe eins gepackt.
Hast du eine Zahnbürste?	Ja, ich habe eine gepackt.
Hast du eine Hose?	Ja, ich habe eine gepackt.
Hast du einen Anzug?	Ja, ich habe einen gepackt.
Hast du einen Pullover?	Ja, ich habe einen gepackt.
Hast du deinen Pass?	Meinen Pass? Mein Gott, wo ist mein Pass?

Emil ist sehr nervös. Manfred muss für Emil bestellen.

Hast du ein Zimmer in München bestellt?

> Ja, ich habe eins bestellt.

Hast du ein Zimmer in Wien bestellt?

> Ja, ich habe eins bestellt.

Hast du einen Volkswagen in Nairobi bestellt?

> Ja, ich habe einen bestellt.

Hast du einen Mercedes in Berlin bestellt?

> Ja, ich habe einen bestellt.

Hast du Platzkarten für den Zug bestellt?

> Ja, ich habe sie bestellt.

Hast du meine Flugkarten bestellt?

> Flugkarten? Ich denke, du hast sie bestellt.

Nach dem Urlaub.

Er hat keine Schuhe gekauft.
Er hat keine Handschuhe gekauft.
Er hat keine Pullover gekauft,

> aber er hat einen Mantel gekauft.

Er hat keine Löwen fotografiert.
Er hat keine Krokodile fotografiert.
Er hat keine Elefanten fotografiert,

> aber er hat die Affen fotografiert.

Er hat nicht an Tante Anna geschrieben.
Er hat nicht an Onkel Ferdinand geschrieben.
Er hat nicht an Onkel Eduard geschrieben,

> aber er hat an Emilia geschrieben.

Er hat den Vatikan nicht gesehen.
Er hat den Papst nicht gesehen.
Er hat die Tauben nicht gesehen,

> aber er hat ein Mädchen im Bikini gesehen.

Neugierde

Manfred macht Mittagspause. Er trifft Emilia, und sie ist sehr neugierig.

E: Was hast du heute gemacht Manfred?

M: Nichts Besonderes. Ich habe den ganzen Vormittag gearbeitet.

E: Erzähl es mir genau.

M: Also gut. Hör zu. Mein Wecker hat um acht Uhr geklingelt. Dann habe ich mein Frühstück gemacht. Ich habe meinen Kaffee gekocht und meine Eier gebraten.

E: Und dann?

M: Dann habe ich den Tisch gedeckt. Ich habe ein Messer und eine Gabel auf den Tisch gelegt. Ich habe eine Tasse dazu gestellt. Dann habe ich mich auf einen Stuhl gesetzt.

E: Und dann?

M: Dann habe ich meinen Kaffee getrunken, mein Brot geschnitten und meine Eier gegessen. Dann habe ich die Zeitung gelesen.

E: Und dann?

M: Ich bin zur U-Bahn gelaufen. Sie ist sofort gekommen, und ich bin drei Stationen gefahren. Dann bin ich ins Büro gegangen.

E: Und dann?

M: Dann habe ich viele Briefe geschrieben und viel telefoniert.

E: Und dann?

M: Dann habe ich Mittagspause gemacht. Ich bin in den Park gegangen und habe die Tauben und Eichhörnchen gefüttert. Dann habe ich den neugierigsten Frosch der Welt getroffen.

A. Schreiben Sie das Gespräch: „Freundliche Nachbarn." Folgen Sie dem Beispiel:

Er hat ein Flugzeug genommen.
Na und, haben Sie noch nie ein Flugzeug genommen?

1. Er hat einen Zug genommen.

   _____.

2. Er hat im Hilton gewohnt.

   _____.

3. Er hat Affen fotografiert.

   _____.

4. Er hat einen Volkswagen gemietet.

   _____.

5. Er hat Sekt getrunken.

   _____.

6. Er hat Rotwein getrunken.

   _____.

7. Er hat am Strand gelegen.

   _____.

8. Er hat von Mädchen geträumt.

   _____.

9. Er hat Postkarten geschrieben.

   _____.

10. Er hat deutsch gesprochen.

    _____.

11. Er hat Sachertorte gegessen.

    _____.

Er hat in Bier gebadet. Schade um das schöne Bier.

B. Freie Übungen

1. Was hat Emil in Afrika getrunken? _____

_____

2. in Deutschland? _____

_____

3. in Italien? _____

_____

4. Was hat er in Italien gegessen? _____

_____

5. in Österreich? _____

_____

6. in Deutschland? _____

_____

7. Wohin ist er in Afrika gegangen? _____

_____

8. in Deutschland? _____

_____

9. in Österreich? _____

_____

10. in Italien? _____

_____

11. Was hat er in Afrika gemacht? _____

_____

12. in Deutschland? _____

_____

13. in Österreich? _____

_____

14. in Italien? _____

_____

C. Denken Sie Sie machen einen Spaziergang im Park. Sie treffen Emilia, und Emilia ist sehr, sehr neugierig. Sie will genau wissen, was Sie den ganzen Tag gemacht haben. Schreiben Sie die Konversation.

14

Bei der Familie Becker.

Genau um acht Uhr klingelt der Wecker bei Familie Becker.

Herr Becker gähnt und streckt sich.

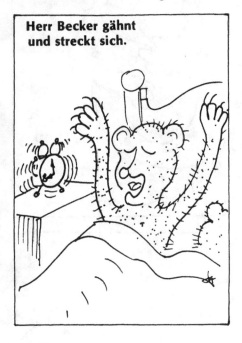

Er geht ins Badezimmer und sieht sich im Spiegel. Er gefällt sich nicht.

Er badet sich.

Er wäscht sich die Haare.

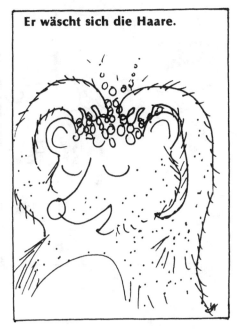

Er trocknet sich ab.

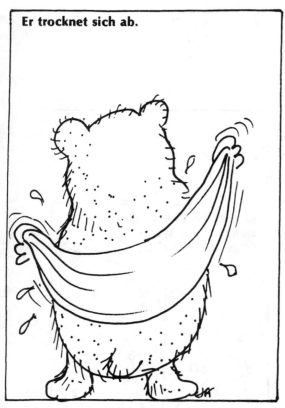

Er bürstet sich.

Er putzt sich die Zähne.

Er rasiert sich.

Er zieht sich an.

Er geht in die Küche und macht Frühstück für sich und seine Frau.

Er ist spät und Frau Becker muss sich beeilen. Sie streckt sich schnell.

Sie geht ins Badezimmer und sieht sich schnell im Spiegel. Sie gefällt sich sehr gut.

Herr Becker ärgert sich, denn das Frühstück ist fertig.

HB: Musst du dich baden?

FB: Liebling, ich bade mich ganz schnell.

HB: Musst du dir die Haare waschen?

FB: Liebling, ich wasche mir
ganz schnell die Haare.

HB: Musst du dir die Haare kämmen?

HB: Musst du dich abtrocknen?
FB: Liebling, ich trockne mich
ganz schnell ab.

FB: Liebling, ich kämme mir
ganz schnell die Haare.

HB: Musst du dich anziehen?
FB: Liebling, ich ziehe mich ganz schnell an.

HB: Musst du dich schminken?

FB: Liebling, ich schminke mich nur für dich.

Frau Becker geht ganz schnell
in die Küche und setzt sich.
Sie isst Frühstück und
Herr Becker freut sich.

Eine kleine Seifenoper.

Sie treffen sich.
Sie begrüssen sich.
Sie unterhalten sich.

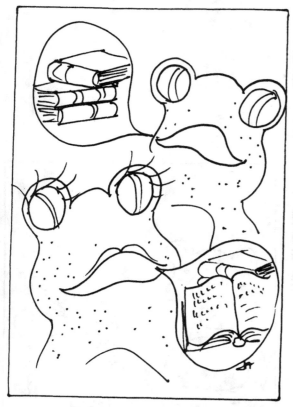

Er interessiert sich für Literatur.
Sie interessiert sich für Literatur.
Sie sehen sich tief in die Augen.

Er fürchtet sich vor Mäusen.
Sie fürchtet sich auch vor Mäusen.
Sie küssen sich.

Er freut sich auf den Sommer.
Sie freut sich auch auf den Sommer.
Sie lieben sich.

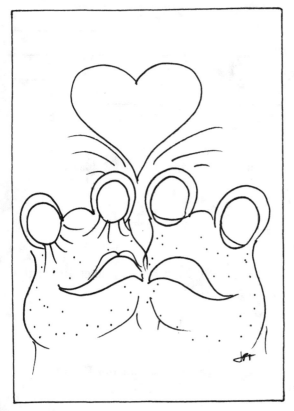

Er ärgert sich über moderne Kunst.   Sie streiten sich.
Sie ärgert sich nicht über moderne Kunst.

A. Siglinde spricht manchmal mit sich selbst. Was macht sie? Folgen Sie dem Beispiel:

,,Meine Nase ist zu gross." Sie sieht sich im Spiegel.

1. ,,Das Wasser ist zu kalt." _____ .

2. ,,Das Handtuch ist zu klein." _____ .

3. ,,Der Pullover gefällt mir nicht."_____ .

4. ,,Der Kamm ist kaputt."_____ .

5. ,,Ich muss zum Zahnarzt gehen." _____ .

B. Denken Sie an die kleine Seifenoper. Was passiert?

,,Deine Hand ist kalt.`` Sie begrüssen sich.

1. ,,Kommst du oft hierher?`` _____.

2. ,,Deine Lippen sind warm.`` _____.

3. ,,Gehst du auch gern in die Oper?`` _____.

4. ,,Liebling, du hast grüne Augen.`` _____.

5. ,,Du bist dumm.`` _____.

C. Zu viele Fragen an Emil. Was antwortet er?

1. Freuen Sie sich auf den Sommer?

   Nein, aber ich _____ auf die Fliegen.

2. Interessieren Sie sich für Politik?

   Nein, aber ich _____ für Mädchen in grünen Bikinis.

3. Ärgern Sie sich über die Inflation?

   Nein, aber ich _____ über trockenes Wetter.

4. Fürchten Sie sich vor Räubern?

   Nein, aber ich _____ vor Restaurants mit Frosch-
   schenkeln auf der Speisekarte.

D. Jetzt antworten Sie auf zu viele Fragen. Folgen Sie dem Beispiel:

Interessieren Sie sich für Musik?
   Ja, ich interessiere mich für Musik.

1. Ärgern Sie sich über das Wetter? _____.

2. Fürchten Sie sich vor Katzen? _____.

3. Ärgern Sie sich über die Inflation? _____.

4. Freuen Sie sich auf ein warmes Bad? _____.

5. Interessieren Sie sich für moderne Oper? _____.

6. Ärgern Sie sich über deutsche Philosophie? _____.

7. Freuen Sie sich auf ein kaltes Bier? _____.

8. Interessieren Sie sich für moderne Kunst? _____.

15

Hopalong Frosch.

Ein Drehbuch für ein aufregendes Melodrama. Die Geschichte passiert in Bayern. Wir sehen einen einsamen Bauernhof, einen See und einen Baum. Wir sehen die letzten Minuten in einer Jagd zwischen Hopalong und der Polizei. Hopalong soll einen Diamant—genannt „Der Morgenstern"— gestohlen haben. Wir sehen auch zwei Bauern. Sie sind sehr neugierig. Der eine heisst Arnold, der andere heisst Sigismund, und er sieht nicht gut.

GROSSAUFNAHME: Sigismund und Arnold.

Sigismund: Was ist los? Kannst du was sehen?
Arnold: Ich sehe Hopalong. Er geht vor die Haustür.

GROSSAUFNAHME: Hopalong vor der Haustür. Er hat den Diamant in der Hand.

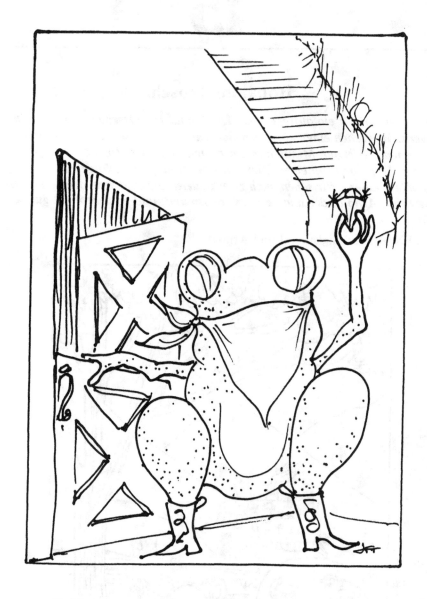

Sigismund: Weiter! Was passiert?

Arnold: Kauf dir endlich eine Brille! Die Polizei ist
gekommen. Sie haben ein schönes Auto. Einen
schwarzen Mercedes.

Sigismund: Was passiert?

Arnold: Also, die Polizei ist gekommen. Ein Polizist
hat Hopalong gesehen. Aber Hopalong hat ihn
auch gesehen. Hopalong läuft hinter einen Baum.

GROSSAUFNAHME: Hopalong hinter dem Baum. Er atmet schwer.

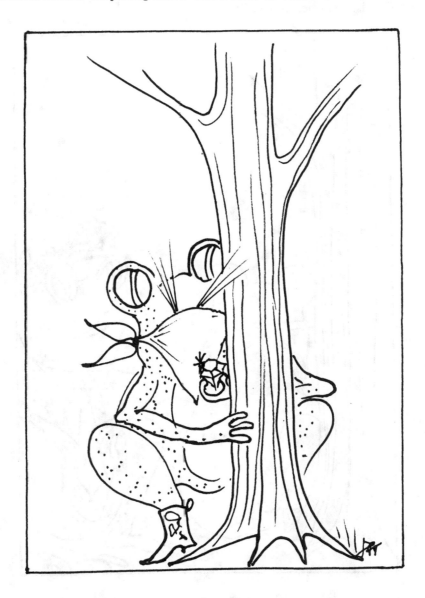

Sigismund: Haben sie ihn schon gefangen?
Arnold: Nein, noch nicht, Aber jetzt . . . Wie
    aufregend . . .
Sigismund: Was? Was?
Arnold: Ein Polizist kriecht neben den Frosch.

GROSSAUFNAHME: Der Polizist steht neben dem Baum. Hopalong steht neben dem Baum. Der Polizist steht neben dem Frosch.

Sigismund: Haben sie ihn schon gefangen?
Arnold: Nein, Hopalong ist zu intelligent. Er sieht
    eine Wand. Er darf nicht zögern. Er muss
    handeln. Er kriecht hinter die Wand.

GROSSAUFNAHME: Hopalong hinter der Wand.

Sigismund: Und jetzt? Was passiert jetzt?
Arnold: Hopalong ist schlau. Er sieht das Polizei-
   auto. Er kriecht unter das Auto. Dort ist dunkel.
   Dort finden sie ihn nie.

GROSSAUFNAHME: Hopalong unter dem Auto. Im Schatten. Man kann nur seine Augen sehen.

Sigismund: Weiter! Was passiert jetzt?
Arnold: Ach du lieber Gott! So ein Pech! So eine
 Tragödie!
Sigismund: Was ist los?
Arnold: Das Auto ist weggefahren. Hopalong muss
 springen. Er muss um sein Leben springen.
Sigismund: Du bist viel zu dramatisch.
Arnold: Die Geschichte ist dramatisch. Hopalong
 springt. Er springt über einen Stein. Er springt
 über eine Katze. Das ist ein Weltrekord!

GROSSAUFNAHME: Hopalong über dem Stein und über der Katze.

Arnold: Bravo, Hopalong. Er ist gesprungen. Er ist
über den Stein gesprungen. Er ist über die Katze
gesprungen. Er ist auf das Dach gesprungen.
Sigismund: Das glaube ich nicht. Das kannst du
deiner Grossmutter erzählen.
Arnold: Lass meine Grossmutter aus dem Spiel. Sie
war eine gute Frau. Sie hat immer guten Gänsebraten gemacht.

GROSSAUFNAHME: Hopalong sitzt auf dem Dach. Er hat den Diamant im Maul.

Arnold: Du kannst es glauben. Hopalong ist auf das
Dach gesprungen. Mein Gott, er springt wieder.
Er springt ins Wasser. Er verschwindet. Er ist ins
Wasser gesprungen. Er hat den Diamant mitge-
nommen.

GROSSAUFNAHME: Der Frosch im Wasser. Man sieht nur ein paar Blasen und Wasserringe.

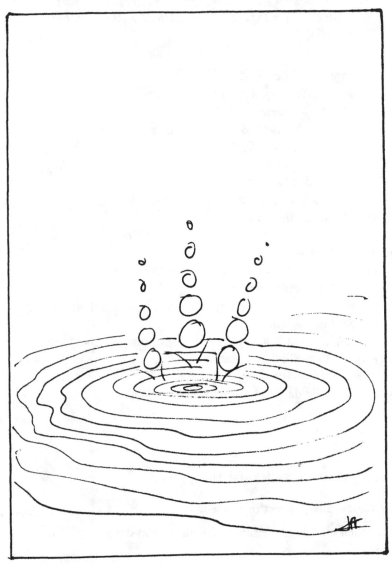

Jede Ähnlichkeit mit mir ist rein zufällig und erfunden.

Emil hat Geschmack.

Emil hat sehr guten Geschmack, deswegen arbeitet er manchmal als Innenarchitekt. Hier spricht er mit einer Kundin:

Legen Sie den Teppich auf den Boden!
> Wunderbar. Der Teppich gefällt mir auf dem Boden.

Stellen Sie den Schrank auf den Teppich!
> Phantastisch. Der Schrank gefällt mir auf dem Teppich.

Stellen Sie das Sofa auf den Teppich!
> Fabelhaft. Das Sofa gefällt mir auf dem Teppich.

Stellen Sie die Uhr auf den Schrank!
> Ausgezeichnet. Die Uhr gefällt mir auf dem Schrank.

Stellen Sie das Telefon in die Ecke!
> Hervorragend. Das Telefon gefällt mir in der Ecke.

Hängen Sie das Bild ins Wohnzimmer!
> Unmöglich. Das Bild gefällt mir nicht im Wohnzimmer.

Hängen Sie das Bild ins Schlafzimmer!
> Um Himmels Willen. Das Bild gefällt mir nicht im Schlafzimmer.

Hängen Sie das Bild in die Küche!
> Auf keinen Fall. Das Bild gefällt mir nicht in der Küche.

Schade. Ein sehr schönes Bild. Ihr Mann?
> Nein, mein erster Mann.

Ach so. Dann stellen Sie das Bild in den Keller.

A. Schreiben Sie „richtig" oder „falsch":

1. Die Geschichte passiert in Hessen. _____

2. Wir sehen eine Jagd zwischen Hopalong und der Polizei. _____

3. Hopalong hat eine Zahnbürste gestohlen. _____

4. Die Polizei fängt Hopalong. _____

5. Hopalong hat einen kleinen Volkswagen. _____

6. Hopalong ist Schauspieler in einer Tragödie. _____

7. Der Polizist springt über einen Stein. _____

8. Hopalongs Grossmutter macht guten Gänsebraten. _____

9. Hopalong nimmt den Diamant mit ins Wasser. _____

B. **Das Drehbuch „Der schlaue Frosch". Schreiben Sie die Grossaufnahmen. Folgen Sie dem Muster:**

Der Frosch schläft. Eine Katze kommt ins Zimmer und will ihn fangen.
GROSSAUFNAHME: Die Katze im Zimmer.

1. Der Frosch springt auf den Schrank.

   GROSSAUFNAHME: _____

2. Der Frosch springt zwischen den Schrank und die Wand.

   GROSSAUFNAHME: _____

3. Die Katze kriecht unter den Schrank und wartet.

   GROSSAUFNAHME: _____

4. Der Frosch hüpft ins Badezimmer.

   GROSSAUFNAHME: _____

5. Der Frosch springt in die Badewanne (zufällig für dieses Drehbuch gefüllt).

   GROSSAUFNAHME: _____

6. Die Katze denkt „jetzt hab' ich dich" und springt auch ins Wasser.

   GROSSAUFNAHME: _____

Leider kann die Katze nicht schwimmen.

C. **Siglinde und Manfred gehen ins Restaurant. Aber Siglinde hat sehr schlechte Laune. Was sagt Manfred? Folgen Sie dem Beispiel:**

Setzen wir uns an den Tisch.   Ich sitze nicht gern am Tisch.

1. _____ Ich sitze nicht gern im Garten.

2. _____ Ich sitze nicht gern an der Bar.

3. _____ Ich sitze nicht gern am Fenster.

4. _____ Ich sitze nicht gern in der Ecke.

5. _____ Ich sitze nicht gern auf dem Sofa.

6. _____ Ich sitze nicht gern hinter der Tür.

7. _____ Ich sitze nicht gern am Kamin.

8. _____ Ich sitze nicht gern an der Heizung.

Manfred?? Wo bist du??

D. Schreiben Sie das Gespräch: „Der Innenarchitekt und die Kundin." Folgen Sie dem Beispiel:

(der Stuhl / der Teppich) Stellen Sie den Stuhl auf den Teppich!
Der Stuhl gefällt mir nicht auf dem Teppich.

1. (das Telefon / der Tisch) _____

_____

2. (die Vase / der Schrank) _____

_____

3. (das Buch / das Regal) _____

_____

4. (der Teppich / der Boden) _____

_____

5. (das Bett / die Küche) _____

_____

6. (der Schrank / die Ecke) _____

_____

7. (der Spiegel / das Wohnzimmer) _____

_____

8. (das Bild / die Wand) _____

_____

16

Emil denkt gern an die Zukunft.

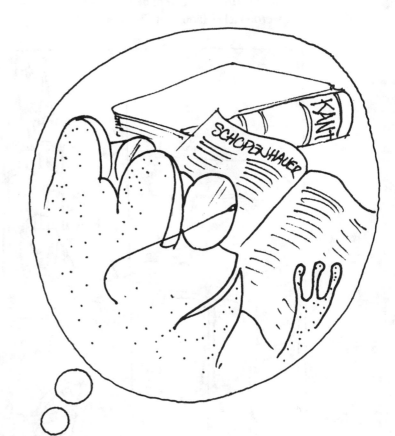

Er hat grosse Pläne:

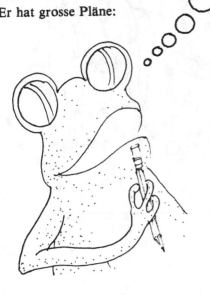

Ich werde mehr arbeiten.
Ich werde nicht so viel trinken.
Ich werde nicht so viel essen.
Ich werde nicht so viel rauchen.
Ich werde deutsche Philosophie lesen.

Aber er träumt lieber:

Ich werde schön sein.
Ich werde schlank sein.
Ich werde ein Prinz sein.
Ich werde eine Krone tragen.
Ich werde ein Schloss haben.
Ich werde eine Kutsche haben.
Ich werde viele Mädchen mit Bikinis haben.

Die Freunde planen einen Urlaub.

Zuerst werden sie ein Flugzeug nehmen und nach München fliegen.

Siglinde wird die alte Pinakothek besuchen.

Sie wird dort viele Gemälde sehen.

Manfred wird ins Hofbräuhaus gehen.

Er wird dort viele Knödel essen und zuviel Bier trinken.

Emil wird auf die Wies'n gehen.

Er wird sich ins Gras legen und von Mädchen in grünen Bikinis träumen.

Dann werden die Freunde nach Paris fliegen.

Siglinde wird die Geschäfte bewundern und teure Kleider kaufen.

Sie wird den Louvre besuchen.

Sie wird zu einer Modeschau gehen und die Mannequins bewundern.

Manfred wird ins Restaurant gehen und französisch essen.

Er wird einen Nachtklub besuchen und Mädchenbeine bewundern.

Emil wird den Eiffelturm besteigen und von Mädchen in grünen Bikinis träumen.

Dann werden die Freunde nach Italien fliegen.

Siglinde wird eine Audienz mit dem Papst haben.

Manfred wird die Tauben auf dem Markusplatz füttern.

Er wird Spaghetti essen und zu viel Rotwein trinken.

Emil wird an den Strand fahren.

Er wird in der Sonne liegen und viele Mädchen in grünen Bikinis sehen.

Endlich wird er froh sein.

Wahrsagen ist nicht so einfach.

Emil sieht die Zukunft für Siglinde.

Siglinde: Was siehst du für mein Leben?

Emil: Du wirst ein kurzes Leben haben.

Siglinde: Was sagst du?

Emil: Entschuldigung. Meine Kristallkugel ist schmutzig. Natürlich wirst du ein interessantes, langes Leben haben.

Siglinde: Das ist besser. Was siehst du in der Liebe?

Emil: In der Liebe wirst du einsam sein.

Siglinde: Was?

Emil: Entschuldigung. Meine Brille ist schmutzig. Natürlich wirst du in der Liebe erfolgreich und glücklich sein. Du wirst einen Frosch treffen.

Siglinde: Was werde ich treffen?

Emil: Entschuldigung. Das Licht ist schlecht. Natürlich wirst du einen Millionär treffen.

Siglinde: Werde ich viel Geld haben?

Emil: Du wirst nie Geld haben.

Siglinde: Dann werde ich dich nicht bezahlen.

Emil: Entschuldigung. Natürlich wirst du immer Geld haben.

A. Schreiben Sie die Zukunft für Emil:

1. _____.
2. _____.
3. _____.
4. _____.
5. _____.

B. Schreiben Sie die Zukunft für Emilia:

1. _____.
2. _____.
3. _____.

4. _____.

5. _____.

C. Schreiben Sie die Zukunft für Manfred:

1. _____.

2. _____.

3. _____.

4. _____.

5. _____.

D. Schreiben Sie die Zukunft für sich:

1. _____.

2. _____.

3. _____.

4. _____.

5. _____.

E. Planen Sie einen Urlaub für sich. Was werden Sie tun?

17

Emilia Superfrosch.

*Sie weiss alles, sie kann alles,
und sie kennt jeden.*

Emilia ist überhaupt nicht bescheiden. Sie spricht gern über sich.

Ich kann Schach spielen.
Ich kann Skat spielen.
Ich kann Klavier spielen.

Ich kann ein Flugzeug reparieren.
Ich kann eine Uhr reparieren.
Ich kann einen Fernseher reparieren.

Ich kann reiten.
Ich kann tanzen.
Natürlich kann ich Deutsch und Chinesisch.

Ich kenne Herrn Schmidt und seine Frau.
Ich kenne den Maler Hundertwasser.
Ich kenne die Autoren Böll und Grass.
Ich kenne Bonn und Alaska.
Ich kenne *Faust* und die Bibel.

Ich weiss, wo Herr Schmidt wohnt.
Ich weiss, wo der Bahnhof in Bonn ist.
Ich weiss, wo die Alte Pinakothek ist.
Ich weiss, wo das Hofbräuhaus ist.

Ich weiss, was Hundertwasser gemalt hat.
Ich weiss, was Böll und Grass geschrieben haben.

Ich weiss, wer Sigmund Freud war.
Ich weiss, wer Karl Marx war.
Ich weiss, wer *Die Zauberflöte* komponiert hat.
Ich weiss, wer *Das Kapital* geschrieben hat.

Ich weiss, wann das Flugzeug nach Tempelhof geht.
Ich weiss, wann das Theater beginnt.
Ich weiss, wie lange *Das Rheingold* dauert.
Ich weiss, wieviel eine Wurst kostet.

A. Party-Gespräche. Folgen Sie dem Beispiel:

Kennen Sie Herrn Weiss?   Natürlich, ich kenne ihn sehr gut.

1. Kennen Sie Herrn Blau? _____.

2. Kennen Sie Frau Blau? _____.

3. Kennen Sie Frau Grün? _____.

4. Kennen Sie Fräulein Weiss? _____.

5. Kennen Sie Fräulein Rot? _____.

Interessant. Ich bin Fräulein Rot, und ich kenne Sie nicht.

B. Emil geht gern zu Emilias Parties. Leider kann Emilia nicht helfen. Was sagt sie? Folgen Sie dem Beispiel:

Wer ist die schöne Blonde in Grün?
   Ich weiss nicht, ich kenne sie nicht.

1. Wer ist die schlanke Dunkle in Grün?

_____.

2. Wer ist die grosse Schwarze in Grün?

_____.

3. Wer ist die kleine Rothaarige in Grün?

_____.

Aber bist du nicht die Gastgeberin?
   Ich kenne natürlich nur die Männer hier.

C. Sie sind in einer fremden Stadt. Was fragen Sie? Folgen Sie dem Beispiel:

(der Bahnhof)   Wissen Sie, wo der Bahnhof ist?

1. (das Restaurant) _____.

2. (der Flughafen) _____.

3. (der Zoo)   _____

4. (das Hofbräuhaus) _____

5. (die Post)   _____

6. (das Theater)   _____

7. (die Bank)   _____

8. (das Parkhaus)   _____

D. Emil glaubt an die Intelligenz seiner Schwester. Was sagt er? Folgen Sie dem Beispiel:

Wer hat *Faust* geschrieben?
　　Emilia weiss, wer *Faust* geschrieben hat.

1. Wer hat *Hamlet* geschrieben?

　　_____.

2. Wann geht der Zug nach Düsseldorf?

　　_____.

3. Wann landet das Flugzeug aus München?

　　_____.

4. Was kostet ein Brot?

　　_____.

5. Wer hat die *Mona Lisa* gemalt?

　　_____.

6. Wo kann man billig essen?

　　_____.

7. Wo hat Goethe gelebt?

　　_____.

8. Was hat Beethoven komponiert?

　　_____.

E. **Wissen? Können? Kennen? Wählen Sie das richtigs Verb:**

1. Ich _____ auch nicht, wo der Bahnhof ist.

2. Ja, das _____ Ihnen Emilia sagen.

3. Er sagt, dass sie genau _____, was eine Fahrkarte nach Wien kostet.

4. _____ du die kleine Blonde?

5. Er _____ Alaska sehr gut.

6. _____ Sie, wieviele Dramen Goethe geschrieben hat?

7. _____ Sie mir sagen, wo der Flughafen ist?

8. Das _____ ich nicht, ich _____ mich hier nicht aus.

18

Ein Fernseh-Interview
mit dem ältesten Frosch in der Welt.

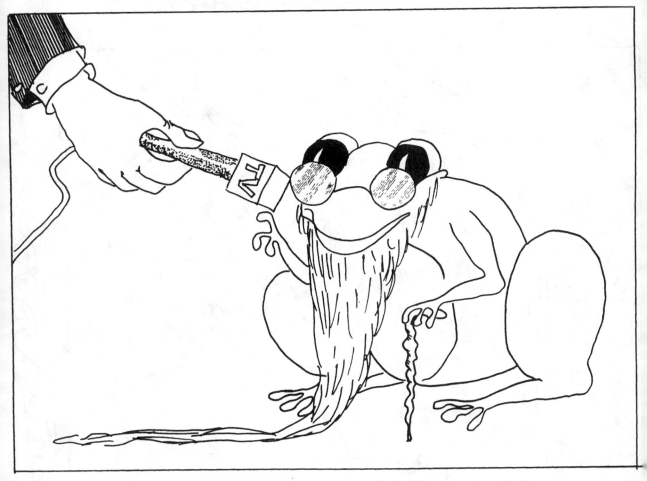

Sie sehen sehr gut aus. Gibt es ein Geheimnis für Ihr gutes Aussehen?

Nein, ich habe kein Geheimnis. Gutes Essen, ein paar Flaschen Wein am Tag und keine Sorgen. Das ist alles.

Können Sie uns etwas über die guten alten Zeiten erzählen? Vielleicht können wir etwas lernen.

Fragen Sie. Was möchten Sie wissen?

Gab es früher Kultur? Zum Beispiel, gab es früher Oper?

Natürlich gab es früher Oper. Es gab Löwen und Tiger, und wir
fürchteten uns. Wir sangen aus Angst.

Gab es früher Ballett?

Natürlich gab es früher Ballett. Es gab Schlangen, und wir fürchteten
uns. Wir tanzten aus Angst.

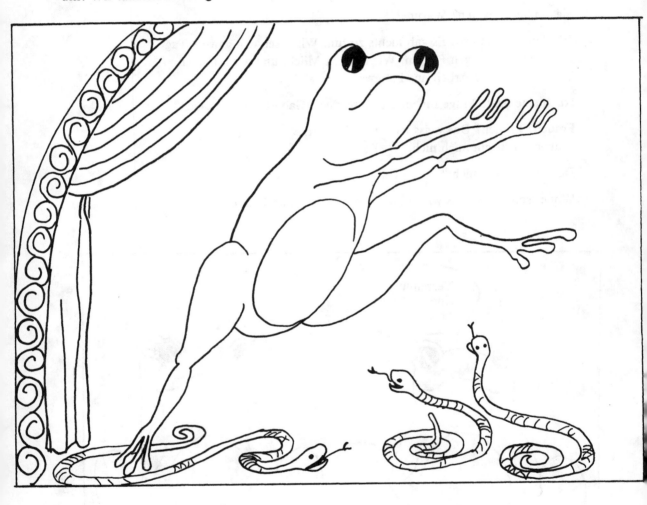

Gab es früher Theater?

Natürlich gab es früher Theater. Wir langweilten uns. Wir machten Theater aus Langweile. Kurz und gut, früher gab es Kultur.

Das ist sehr interessant. Gab es früher Fabriken?

Natürlich gab es früher keine Fabriken.

Was? Sie mussten nicht arbeiten?

Das ist nicht ganz richtig. Wir mussten nicht arbeiten, aber wir wollten arbeiten.

Sie wollten arbeiten? Warum?

Wir langweilten uns. Es gab nichts zu tun. Wir assen den ganzen Tag Bananen. Wir fingen Fliegen. Wir tranken Milch, und wir schliefen. Wir erfanden die Arbeit aus Langweile.

Noch eine letzte Frage für unsere Zuschauer. Gab es früher Frauen?

Frauen? Frauen? Das weiss ich wirklich nicht. Vielleicht gab es Frauen, vielleicht auch nicht.

Das wussten Sie nicht?

Woher sollten wir das wissen? Früher trug niemand Kleider.

Andere Zeiten, andere Sitten.

Emilia Superfrosch lebte glücklich und reparierte
Flugzeuge. Eines Tages hörte sie von einem weisen
Mann. Sie ging zu ihm, und jetzt ist Emilia eine ganz
andere Frau.

Früher badete sie in Sekt, jetzt badet sie nie.
Früher trug sie Schuhe, jetzt geht sie barfuss.
Früher ass sie Steak, jetzt isst sie Reis.
Früher trank sie Wein, jetzt trinkt sie Kräutertee.
Früher trug sie einen Pelzmantel, jetzt trägt sie Jeans.
Früher wohnte sie in einem Haus, jetzt wohnt sie im Park.
Früher schrieb sie Schecks, jetzt schreibt sie Gedichte.
Früher arbeitete sie den ganzen Tag, jetzt denkt sie den ganzen Tag.
Früher liebte sie Emil, jetzt liebt sie die ganze Welt.

Die guten alten Zeiten.

Emils Grossvater träumt gern. Er glaubt früher war
alles besser.

Heute ist man gross, früher war man klein.
Heute ist man reich, früher war man arm.
Heute ist man dumm, früher war man intelligent.

Heute hat man elektrisches Licht, früher hatte man Kerzen.
Heute hat man ein Auto, früher hatte man Pferde.

Heute wohnt man in einem Haus, früher wohnte man in einer Burg.
Heute wohnt man in der Stadt, früher wohnte man auf dem Land.

Heute bezahlt man mit Geld, früher bezahlte man mit Schweinen.
Heute bezahlt man mit Kreditkarten, früher bezahlte man in bar.

Heute reist man mit dem Flugzeug, früher reiste man mit der Kutsche.

Heute fährt man mit dem Auto, früher fuhr man nicht.

Heute liest man Comics, früher las man Bücher.

Heute sieht man fern, früher sah man Theater.

Heute geht man ins Kino, früher ging man in die Oper.

Heute schreibt man mit der Maschine, früher schrieb man mit der Feder.

Emil klagt über seine Kindheit.

Wir hatten einen Teich, aber ich wollte ein Schloss,
denn ich wollte ein Prinz sein.
Ich wollte eine Krone tragen.
Ich wollte in einer Kutsche fahren,

                                    aber ich musste immer arbeiten.

Ich wollte schwimmen, aber das Wasser war zu kalt.
Ich wollte springen, aber die Füsse taten mir weh.
Ich wollte spielen, aber ich musste Fliegen fangen.

                Siglinde hatte eine ganz normale Kindheit.

Sie wollte auch schwimmen, aber sie musste Milch trinken.
Sie wollte auch springen, aber sie musste Gemüse essen.
Sie wollte auch spielen, aber sie musste Hausarbeit machen.

                         Manchmal wollte sie auch Fliegen fangen.

A. Schreiben Sie nach dem Muster:

Hund/Katze	Wir hatten einen Hund, aber ich wollte eine Katze.
1. Schwein/Pferd	_____.
2. Haus/Schloss	_____.
3. Volkswagen/Mercedes	_____.
4. Radio/Fernseher	_____.
Gemüse essen	Ich musste immer mein Gemüse essen.
5. Milch trinken	_____.
6. Deutsch lernen	_____.
7. Zimmer aufräumen	_____.
Gulasch essen	Sonntags durfte ich Gulasch essen.
8. Tennis spielen	_____.
9. lange schlafen	_____.
10. Fliegen fangen	_____.

B. Denken Sie, Sie waren bei einem weisen Mann. Schreiben Sie, was passiert ist.

Jetzt spiele ich Tennis, früher spielte ich Klavier.

1. Jetzt koche ich Hühnersuppe, früher kochte ich _____.

2. Jetzt nehme ich die U-Bahn, früher _____.

3. Jetzt schreibe ich deutsch, _____.

4. Jetzt gehe ich ins Kino, _____.

5. Jetzt trinke ich Wasser, _____.

6. Jetzt wohne ich in einem Haus, _____.

7. Jetzt habe ich ein Fahrrad, _____.

8. Jetzt trage ich Jeans, _____.

9. Jetzt esse ich nur Gemüse, _____.

C. Beantworten Sie die Fragen:

1. Hatte man früher elektrisches Licht?

_____

2. Hatte man früher Autos?

_____

3. Wohnte man früher auf dem Land?

_____

4. Bezahlte man früher mit Geld?

_____

5. Hatte man früher Kreditkarten?

_____

6. Ging man früher ins Theater?

_____

7. Reiste man früher mit dem Flugzeug?

_____

8. Schrieb man früher mit der Maschine?

_____

9. Trug man früher Jeans?

_____

10. Trank man früher Coca-Cola?

_____

11. Hatte man früher Kaugummi?

_____

12. Sah man früher fern?

_____

D. Denken Sie an den ältesten Frosch der Welt und seine Zeit.

1. Was hatte man? _____.

2. Was hatte man nicht? _____.

3. Was gab es?_____.

4. Was gab es nicht? _____.

5. Was machten die Leute den ganzen Tag? _____.

6. Was ass man? _____.

7. Was ass man nicht? _____.

8. Was trug man? _____.

9. Wo wohnte man? _____.

E. Denken Sie an George Washington und seine Zeit.

1. Was hatte man? _____.

2. Was hatte man nicht? _____.

3. Was gab es?_____.

4. Was gab es nicht? _____.

5. Gab es schon Zähne aus Holz? _____.

6. Was machten die Leute den ganzen Tag? _____.

19

Einkaufsgespräche.

Ich möchte einen gelben Hut.

Bitte, hier ist ein gelber Hut.

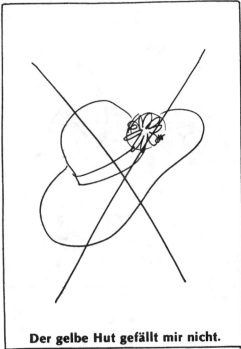

Der gelbe Hut gefällt mir nicht.

Mit dem gelben Hut können sie nach Berlin fliegen.

Ich möchte ein weisses Kleid.

Hier ist ein weisses Kleid.

Das weisse Kleid ist zu kurz.

In dem weissen Kleid sind Sie zehn Jahre jünger.

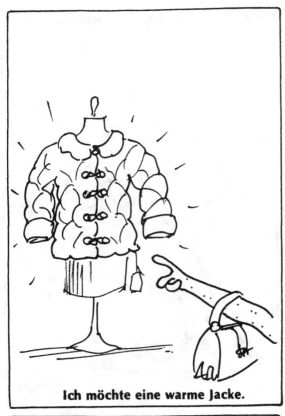

Ich möchte eine warme Jacke.

Hier ist eine warme Jacke.

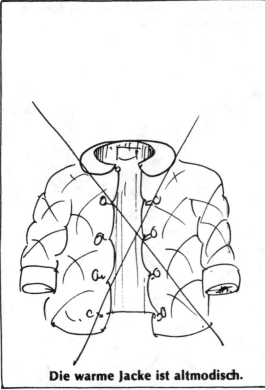

Die warme Jacke ist altmodisch.

Mit der warmen Jacke können Sie in Sibirien leben.

Ich möchte ein Paar bequeme Schuhe.

Hier ist ein Paar bequeme Schuhe.

Die bequemen Schuhe gefallen mir nicht.

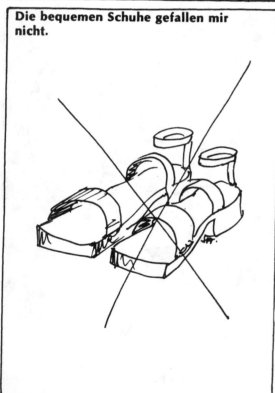

Mit den bequemen Schuhen können Sie einen Kilometer laufen.

Warum es Theater, Geschichten und Filme gibt.

Es war einmal ein _____ Garten. In dem _____
Garten gab es viele Bäume mit Obst, viele Blumen und viele Tiere, wie zum Beispiel
die _____ Elefanten, die _____ Tiger und die
_____ Lämmer. Es gab auch einen Mann und eine
_____ Frau. Sie waren alle sehr glücklich und zufrieden. Der
_____ Mann musste nicht arbeiten, und die Frau musste keine
_____ Strümpfe stricken.

In dem _____ Garten gab es einen _____ Apfelbaum mit _____ Äpfeln. Der _____ Mann und
die _____ Frau aber durften nicht von den Äpfeln essen. Das hatte
der _____ Besitzer des _____ Gartens verboten.

Es gab auch eine _____ Schlange in dem Garten. Sie blieb immer
bei dem _____ Apfelbaum, denn sie hatte keine Füsse und konnte
nicht gut laufen. Sie langweilte sich sehr. Denn sie war eine _____
Schlange, und es gab kein _____ Kino, kein _____
Theater und keine _____ Bücher. Es gab nur Mäuse und Äpfel.

Eines Tages kam die _____ Frau zu der _____
Schlange. Die Schlange gab der Frau einen _____ Apfel. Der Frau
schmeckte der Apfel sehr gut und sie gab ihrem _____ Mann ein
_____ Stück. Der _____ Besitzer des
_____ Gartens hörte die _____ Geschichte und
wurde böse. Er warf den Mann und die Frau vor die Tür des _____
Gartens.

Der Mann und die Frau erzählten den Leuten ihre Geschichte. Seitdem gibt es
interessante Bücher, teure Filme und philosophische Theaterstücke über die uralte
Geschichte. Und die schlaue Schlange langweilt sich nicht mehr.

A. Was ist das?
Folgen Sie dem Beispiel:

dunkel

Das ist eine dunkle Sonnenbrille.

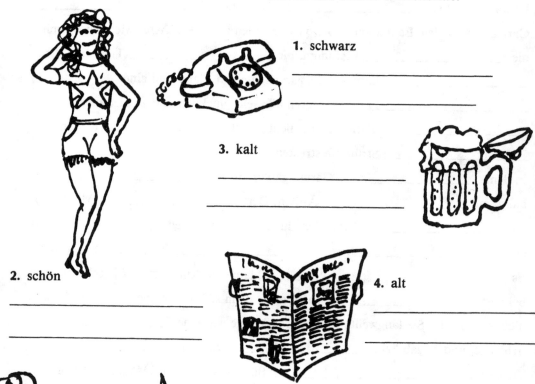

1. schwarz

_____

_____

3. kalt

_____

_____

2. schön

_____

_____

4. alt

_____

_____

5. intelligent

_____

6. klein

_____

7. voll

_____

_____

8. elegant

_____

_____

B. Hier ist eine Liste mit Adjektiven:

sportlich	vernünftig	eitel
schüchtern	jung	einsam
pünktlich	arrogant	tapfer
amüsant	intelligent	reich
arm	freundlich	sparsam

Suchen Sie die drei besten für Emil, Emilia, Manfred, Siglinde und für sich.

Emil ist: Emilia ist: Manfred ist:

1. _____   5. _____   9. _____

2. _____   6. _____   10. _____

3. _____   7. _____   11. _____

Er ist nicht: Sie ist nicht: Er ist nicht:

4. _____   8. _____   12. _____

Siglinde ist: Ich bin:

13. _____   17. _____

14. _____   18. _____

15. _____   19. _____

Sie ist nicht: Ich bin nicht:

16. _____   20. _____

C. Schreiben Sie ein paar Einkaufsgespräche. Folgen Sie dem Beispiel:

Koffer / gross
können Sie gut schmuggeln

Ich möchte einen grossen Koffer.
Hier ist ein grosser Koffer.
Der grosse Koffer gefällt mir nicht.
Mit dem grossen Koffer können Sie gut schmuggeln.

1. Auto / deutsch
   brauchen Sie fast kein Benzin

   _____.

   _____.

   _____.

   _____.

2. Uhr / golden
   werden Sie nie spät sein

   _____ .

   _____ .

   _____ .

   _____ .

3. Kleid / schwarz
   werden Sie bestimmt Miss Universum

   _____ .

   _____ .

   _____ .

   _____ .

4. Tasche / neu
   können Sie einen Frosch tragen

   _____ .

   _____ .

   _____ .

   _____ .

20

Hopalong im Bayrischen Hof.

Sie erinnern sich sicher an Hopalong Frosch. Zuletzt sprang er in einen See. Aber der See war kein See, der See war eine Ölquelle. Jetzt ist Hopalong sehr reich— er ist steinreich. Er wohnt nur in Hotels, und er ist sehr kritisch. Er spricht gern mit dem Zimmerdienst:

Das Bett ist mir zu klein, bringen Sie mir ein grösseres.
Das Bild ist mir zu altmodisch, bringen Sie mir ein moderneres.

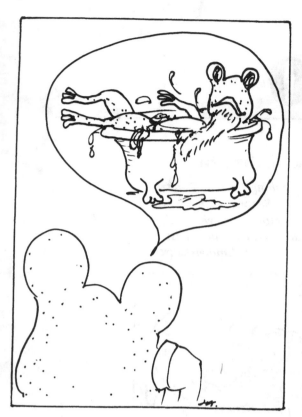

Die Badewanne ist mir zu klein,
 bringen Sie mir eine grössere.
Die Lampe ist mir zu dunkel,
 bringen Sie mir eine hellere.

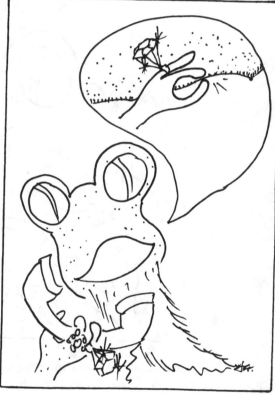

Der Teppich ist mir zu dünn,
 bringen Sie mir einen dickeren.
Der Sessel ist mir zu hart,
 bringen Sie mir einen weicheren.

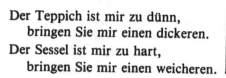

Der Empfangschef kommt persönlich:

Hier ist unser grösstes Bett und unser modernstes Bild.

Hier ist unsere grösste Badewanne und unsere hellste Lampe.

Hier ist unser dickster Teppich und unser weichster Sessel.

Haben Sie sonst noch einen Wunsch mein Herr?

Hopalong hat immer Wünsche. Er sagt:
Das Fenster ist mir zu klein, bauen Sie mir ein grösseres.

Der Empfangschef antwortet:

Das Fenster ist gross genug für Sie.

Und er wirft Hopalong aus dem Fenster.

Werbung ist alles.

Siglinde übertreibt gern. Deswegen arbeitet sie manchmal für eine Werbeagentur. Hier sind ein paar Beispiele von ihrer Arbeit:

Nehmen Sie unser Waschpulver: Ihre Badewanne wird schöner.
Fahren Sie ein Auto: Sie werden mehr Freunde haben.

Fahren Sie ein Fahrrad: Ihre Beine werden schöner.
Essen Sie mehr Wurst: Ihre Haare werden länger.

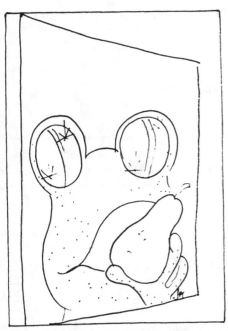

Essen Sie mehr Obst: Sie werden gesünder.
Essen Sie mehr Fisch: Sie werden intelligenter.
Trinken Sie mehr Kaffee: Sie werden energischer.

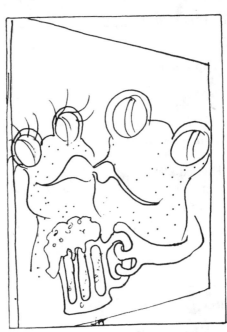

Trinken Sie mehr Bier: Sie werden freundlicher.
Kommen Sie zu uns: Unser Wetter ist wärmer.
Fliegen Sie mit uns: Unsere Kapitäne sind schöner.

A. **Emilia Superfrosch spricht am liebsten über ihre Superfamilie. Was sagt sie? Folgen Sie dem Beispiel:**

(gross)
Mein Vater ist grösser als dein Vater.

1. (schön)

Mein Grossvater _____.

2. (grün)

Mein Bruder _____.

3. (alt)

Meine Mutter _____.

4. (intelligent)

Meine Schwester _____.

5. (reich)

Mein Bruder _____.

6. (gut)

Meine Grossmutter strickt _____.

7. (schlecht)

Meine Tante kocht _____.

8. (viel)

Mein Onkel isst _____.

B. **Folgen Sie dem Beispiel:**

(der Hut/zu klein)
Der Hut ist mir zu klein. Haben Sie einen grösseren?
Hier ist unser grösster Hut.

1. (das Bild/zu hässlich)

_____

_____

2. (der Ring/zu teuer)

_____

_____

3. (das Buch/zu langweilig)

_____

_____

4. (das Haus/zu dunkel)

_____

_____

5. (das Auto/langsam)

_____

_____

6. (der Spiegel/zu gross)

_____

_____

C. **Wie Sie wissen, ist Emilia überhaupt nicht bescheiden. Was denkt sie? Folgen Sie dem Beispiel:**

(schön)   Ich bin die schönste Frau der Welt.

1. (reich)   _____

2. (interessant) _____

3. (mutig)   _____

4. (elegant)   _____

5. (intelligent) _____

(gut)   Ich baue die besten Häuser.

6. (interessant) Ich mache _____ Filme.

7. (warm)   Ich stricke _____
                  Strümpfe.

8. (schmackhaft) Ich koche _____
                  Hühnersuppen.

9. (viel)   Ich repariere _____
                  Flugzeuge.

10. (modern)   Ich male _____ Bilder.

161

D. Schreiben Sie die Werbeslogans zu Ende. Verwenden Sie die Adjektive: hoch, weich, wenig, kompliziert, weiss, gut, lang. Folgen Sie dem Beispiel:

Fliegen Sie nach Amerika: dort gibt es höhere Häuser.

1. Lesen Sie deutsche Philosophie: Ihr Deutsch wird _____.

2. Baden Sie sich in Sekt: Ihre Haut wird _____.

3. Nehmen Sie Omo: Ihre Wäsche wird _____.

4. Essen Sie Gemüse: Ihre Haare werden _____.

5. Fahren Sie einen Volkswagen: Sie brauchen _____ Benzin.

6. Essen Sie Vitamin C: Ihre Gesundheit wird _____.

21

Die Schlange.

Sie ist die wirkliche Heldin einer uralten Geschichte.

Sie denkt gern und oft.

Sie denkt während des Tages.
Sie denkt während der Nacht.

Meistens denkt sie an Äpfel.
Sie ist sehr intelligent.

Wegen ihrer Intelligenz ist sie berühmt.
Sie liegt gern im Schatten eines Apfelbaumes.

Sie träumt.

Anstatt der Mäuse möchte sie lieber Äpfel essen
Anstatt einer Schlange wäre sie lieber ein Löwe.

Der Käfer.

Er ist der Held einer modernen Geschichte.
Er ist der Held einer Geschichte von Kafka.

Er fürchtet sich immer.

Er fürchtet sich während des Tages.
Er fürchtet sich während der Nacht.

Er ist einsam.

Wegen seiner Einsamkeit ist er berühmt.

Er ist hässlich.

Wegen seiner Hässlichkeit ist er berühmt.
Anstatt eines Käfers wäre er lieber eine Person.
Anstatt in einer Geschichte von Kafka wäre er lieber in einem Film von Walt Disney.

Emils Ahnen.

Wie Sie sich sicher schon gedacht haben, ist Emil kein gewöhnlicher Frosch. Er stammt aus einer uralten, adeligen Familie. Bester deutscher Froschadel. Er kann mit Stolz auf eine lange Reihe bekannter, berühmter, ja sogar weltberühmter Ahnen zurückblicken. Hier ist eine Auswahl seiner Ahnen:

Emil, der Dumme.   Wegen seiner Dummheit war er stadtbekannt.

Emil, der Schöne.   Wegen seiner Schönheit war er bei den Damen beliebt.

Emil, der Faule.   Wegen seiner Faulheit verlor er alle Kriege.

Emil, der Freie.   Wegen seiner Liebe für Freiheit und Demokratie wollte er nach Amerika gehen. Leider aber war Amerika damals noch nicht entdeckt.

Emil, der Freundliche.   Wegen seiner Freundlichkeit war er bei den Hunden und Katzen seines Reichs sehr beliebt. Zu den Menschen war er nicht so freundlich.

Emil, der Saubere.   Wegen seiner Sauberkeit bauten ihm die Deutschen ein Denkmal. Meistens aber ist das Denkmal recht schmutzig, denn die Tauben und Eichhörnchen halten das Denkmal gar nicht sauber.

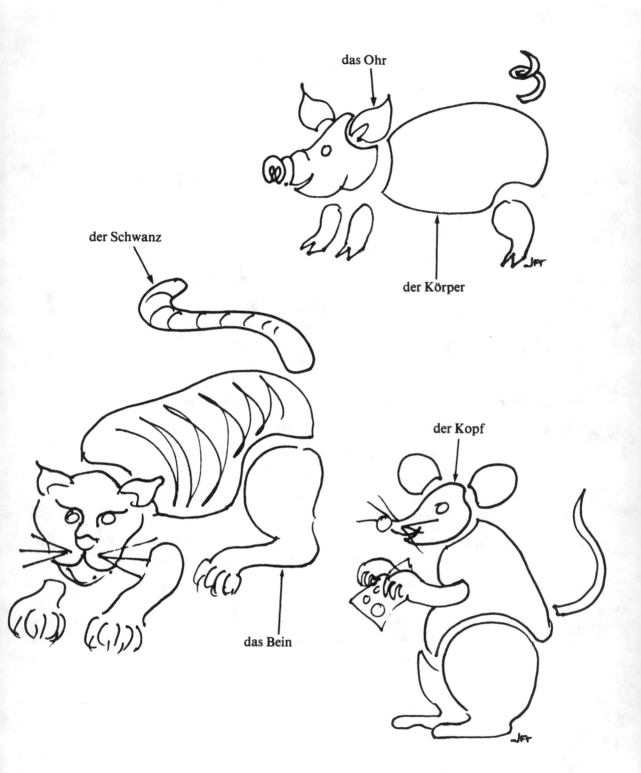

das Ohr

der Schwanz

der Körper

der Kopf

das Bein

A. **Emil sieht das Bild eines Tigers, eines Schweins und einer Maus. Die Bilder gefallen ihm sehr. Leider gibt es keinen ganzen Tiger, keine ganze Maus und kein ganzes Schwein. Es gibt nur Teile. Helfen Sie Emil:**

Folgen Sie dem Beispiel:

Das ist das Bein des Tigers.

1. _____
   _____

2. _____
   _____
   _____

3. _____
   _____

4. _____
   _____
   _____

5. _____
   _____

6. _____
   _____

7. _____
   _____
   _____

8. _____
   _____

9. _____
   _____

B. Beantworten Sie die Fragen:

1. Warum war Emil, der Schöne, berühmt? _____.

2. Warum war Emil, der Freundliche, berühmt? _____.

3. Warum war Emil, der Dumme, berühmt? _____.

4. Warum war Emil, der Saubere, berühmt? _____.

C. Folgen Sie dem Beispiel:

Er hat ein Auto.
(Besitzer)   Er ist der Besitzer eines Autos.

1. Er hat einen Garten.

   (Besitzer) _____

2. Er hat ein Haus.

   (Besitzer) _____

3. Er hat eine Oper komponiert.

   (Komponist) _____

4. Er hat ein Buch geschrieben.

   (Autor) _____

5. Sie hat ein Bild gemalt.

   (Malerin) _____

6. Sie hat eine Symphonie komponiert.

   (Komponistin) _____

22

Emil in Hollywood.

Emil liebt Schauspieler, aber ganz besonders liebt er Schauspielerinnen. Er sieht gern ihre Häuser. Hier ist eine Führung durch das Haus von Greta Garbo:

Hier ist das Haus, in dem sie gewohnt
hat.

Hier ist das Auto, das ihr Friedrich geschenkt hat.

Hier ist das Flugzeug, das ihr Heinz geschenkt hat.

Hier ist die Perlenkette, die ihr Hans gekauft hat.

Hier ist die Seidenbluse, die sie immer getragen hat.

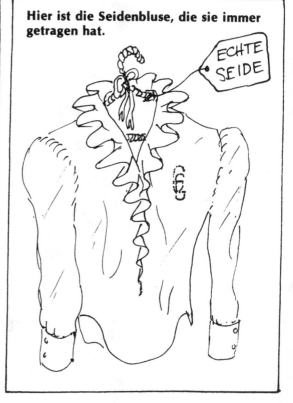

ECHTE SEIDE

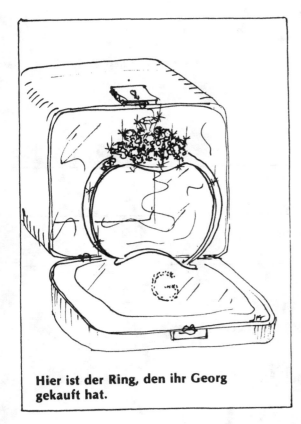

Hier ist der Ring, den ihr Georg gekauft hat.

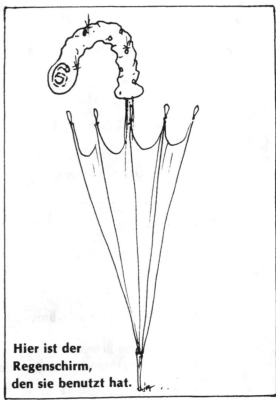

Hier ist der Regenschirm, den sie benutzt hat.

Aber das ist nicht genug für Emil. Er will alles ganz genau wissen. Er fragt:

Wo ist der Bikini, den sie getragen hat?
Wo ist das Bett, in dem sie geschlafen hat?
Wo ist der Spiegel, in dem sie sich gesehen hat?
Wo ist das Taschentuch, mit dem sie sich die Nase geputzt hat?
Wo ist die Badewanne, in der sie sich gebadet hat?
Wo ist die Zahnbürste, mit der sie sich die Zähne geputzt hat?
Wo ist das Glas, aus dem sie getrunken hat?
Wo ist der Stuhl, auf dem sie gesessen hat?

Und wo ist der Diamant, den ihr Onkel Hopalong geschenkt hat?

A. **Siglinde sucht ein Traumhaus. Was sagt sie? Folgen Sie dem Beispiel:**

Es soll gross sein.
Ich suche ein Haus, das gross ist.

1. Es soll auf dem Land sein.

   _____

2. Emil soll gern in dem Haus wohnen.

   _____

3. Es soll einen Geist in dem Haus geben.

   _____

Manfred sucht einen Traumhund. Was sagt er?

Er soll ihn lieben.
Ich suche einen Hund, der mich liebt.

4. Er soll seine Zeitung holen.

   _____

5. Er soll ihn morgens wecken.

   _____

6. Er soll mit ihm spielen.

   _____

Emil sucht eine Traumfrau. Was sagt sie?

Sie soll Grün lieben.
Ich suche eine Frau, die Grün liebt.

7. Sie soll Fliegen fangen können.

   _____

8. Sie soll gut schwimmen können.

   _____

9. Sie soll meine Miete bezahlen.

   _____

B. Sie besuchen Emilias Haus. Was möchten Sie sehen?

    1. Ich möchte das Flugzeug sehen, das sie repariert hat.

    2. _____

    _____ .

    3. _____

    _____ .

    4. _____

    _____ .

C. Jetzt besuchen Sie Elvis Presleys Haus. Was möchten Sie sehen?

    1. _____

    _____ .

    2. _____

    _____ .

    3. _____

    _____ .

    4. _____

    _____ .

23

Der grosse Zirkus.

Auf der Strasse hängt ein grosses Plakat. Ein Zirkus soll kommen. Auf dem Plakat steht:

Meine Damen und Herren!
Kommen Sie und staunen Sie!
Sehen Sie unsere Sensationen und Attraktionen!

> Max, der redende Pudel.
> Berthold, das singende Krokodil.
> Minna, die jodelnde Katze.
> Alfred, der lachende Papagei.
> Fritz, der autofahrende Bär.
> Franz, das rechnende Pferd.
> Skipper, der springende Delphin.
> Hans und Peter, die tanzenden Elefanten.

Kommen Sie und staunen Sie!

Emil glaubt natürlich nicht alles, was er liest. Er hat Zweifel:

> Es gibt keinen redenden Pudel.
> Es gibt kein singendes Krokodil.
> Es gibt keine jodelnde Katze.
> Es gibt keinen lachenden Papagei.
> Es gibt keinen autofahrenden Bär.
> Es gibt kein rechnendes Pferd.
> Es gibt keinen springenden Delphin.
> Und es gibt keine tanzenden Elefanten.
> Es gibt nur einen sprechenden Frosch.

A. Wer kommt mit dem Zirkus?

1. Franz, das _____ Pferd.   (rechnen)

2. Skipper, der _____ Delphin. (springen)

3. Minna, die _____ Katze.   (jodeln)

4. Alfred, der _____ Papagei. (lachen)

B.   Wen möchten Sie im Zirkus sehen?

1. Ich möchte Max, den _____ Pudel, sehen. (reden)

2. Ich möchte Bertold, das _____ Krokodil, sehen. (singen)

3. Ich möchte Fritz, den _____ Bär, sehen. (auto-fahren)

4. Ich möchte Hans und Peter, die _____ Elefanten, sehen. (tanzen)

C.   Folgen Sie dem Beispiel:

Ein Mann, der lacht, ist ein lachender Mann.

1. Ein Kind, das weint, ist

_____.

2. Ein Haus, das brennt, ist

_____.

176

3. Ein Hund, der bellt, ist

_____.

4. Eine Katze, die schläft, ist

_____.

5. Ein Teppich, der fliegt, ist

_____.

6. Ein Holländer, der fliegt, ist

_____.

7. Ein Telefon, das klingelt, ist

_____.

24

In einem alten Schloss.

*Emil kennt das Schloss seiner Ahnen sehr gut, und er
zeigt es gern den fremden Besuchern.*

Meine Damen und Herren. Hier sehen Sie ein uraltes Schloss.

Das Schloss wurde schon seit dem Mittelalter von meinen Ahnen bewohnt.

Es wurde im Mittelalter von Emil, dem Dummen, gebaut.

Aber er hatte kein Geld.

Daher wurde es von Emil, dem Sparsamen, finanziert.

Leider wurde das Schloss im Krieg zwischen Emil, dem Faulen, und Emil, dem Frechen, zerstört.

Gott sei Dank wurde das Schloss aber von Emil, dem Eitlen, wieder aufgebaut.

Denn er brauchte ein Haus für seine tausend Spiegel.

Das grosse Bett wurde von Emil, dem Kranken, gekauft.

Die Badewanne wurde von Emil, dem Sauberen, eingebaut.

Von ihm wurden auch die vielen weissen Handschuhe hier getragen.

Und die Uhren in jedem Zimmer wurden von Emil, dem Pünktlichen, benutzt.

Das Schloss wurde gestern an meine Schwester Emilia verkauft.

Sie weiss alles.

Hoffentlich weiss sie auch, wie die Steuern für diesen alten Kasten bezahlt werden
    können.

A. Der steinreiche Onkel Hopalong und der perfekte Assistent. Was sagt der Assistent? Folgen Sie dem Beispiel:

Das Auto gefällt mir. Kaufen Sie es!
Das Auto wird sofort gekauft.

1. Die Uhr gefällt mir. Kaufen Sie sie!

   _____

2. Das Flugzeug gefällt mir. Kaufen Sie es!

   _____

3. Das Schloss gefällt mir. Kaufen Sie es!

   _____

4. Der Wald gefällt mir. Kaufen Sie ihn!

   _____

5. Die Picassos gefallen mir. Kaufen Sie sie!

   _____

6. Die Diamanten gefallen mir. Kaufen Sie sie!

   _____

B. Was antwortet Onkel Hopalong Assistent?

1. Bauen Sie mir ein Haus! _____

2. Malen Sie mir ein Bild! _____

3. Kochen Sie mir einen Kaffee! _____

4. Braten Sie mir ein Steak! _____

5. Bringen Sie mir Wein! _____

6. Machen Sie mein Bett! _____

25

Ein Reporter stellt dumme Fragen.

Zuerst fragt er: „Was würden Sie tun, wenn Sie eine Million Mark hätten?"

Siglinde: Wenn ich eine Million Mark hätte, dann würde ich Politikerin werden.

Manfred: Wenn ich eine Million Mark hätte, dann würde ich nur Kaviar essen.

Emil: Wenn ich eine Million Mark hätte, dann würde ich tausend grüne Mädchen treffen.

Dann fragt er: „Was würden Sie tun, wenn Sie König wären?"

Siglinde: Wenn ich Königin wäre, dann würde ich abdanken.

Manfred: Wenn ich König wäre, dann hätte ich den besten Koch der Welt.

Emil: Wenn ich König wäre, dann hätte ich endlich eine Krone.

Dann fragt er: „Was würden Sie tun, wenn Sie fliegen könnten?"

Siglinde: Wenn ich fliegen könnte, dann würde ich nach Amerika fliegen.

Manfred: Wenn ich fliegen könnte, dann würde ich um die Welt fliegen.

Emil: Wenn ich fliegen könnte, denn wäre ich entweder ein Vogel oder ein Flugzeug. Dumme Frage.

A. Schreiben Sie das Gespräch: „Freundliche Nachbarn." Folgen Sie dem Beispiel:

Er tanzt die ganze Nacht.
Ich würde auch gern die ganze Nacht tanzen.

1. Er schläft den ganzen Tag.

   _____.

2. Er badet in Sekt.

   _____.

3. Er isst Kaviar zum Frühstück.

   _____.

4. Er trinkt Wein aus Frankreich.

   _____.

5. Er fährt einen Mercedes.

   _____.

6. Er kauft ein Schloss.

   _____.

Er liest deutsche Philosophie.
Der Arme. Er muss krank sein.

B. Träumen Sie!

   (einen Mercedes) Wenn ich einen Mercedes hätte,
   dann würde ich meinen Volkswagen verkaufen.

1. (eine Million Mark) _____,

   _____.

2. (ein Schwimmbad)_____,

   _____.

   (in Deutschland) Wenn ich in Deutschland wäre,
   dann würde ich Lederhosen tragen.

3. (Präsident)_____,

   _____.

4. (Emil) _____,

   _____.

(fliegen) Wenn ich fliegen könnte,
dann würde ich kein Flugzeug brauchen.

5. (deutsch)_____,

_____.

6. (kochen) _____,

_____.

7. (ein Flugzeug reparieren) _____,

_____.

C. **Emil träumt gern.**
    Was träumt er? (Verwenden Sie „könnte")

1. _____

_____

2. _____

_____

3. _____

_____

D. Was träumt Emil hier? (Verwenden Sie „hätte")

1. _____

_____

2. _____

_____

3. _____

_____

E. Was träumt Emil hier? (Verwenden Sie „wäre")

1. _____

_____

2. _____

_____

3. _____

_____

26

Alte Geschichten.

Emils Grossvater erzählt gern Geschichten. Besonders Geschichten von Ungeheuern.

Er erzählt gern, was die
Leute über Graf Dracula sagen:

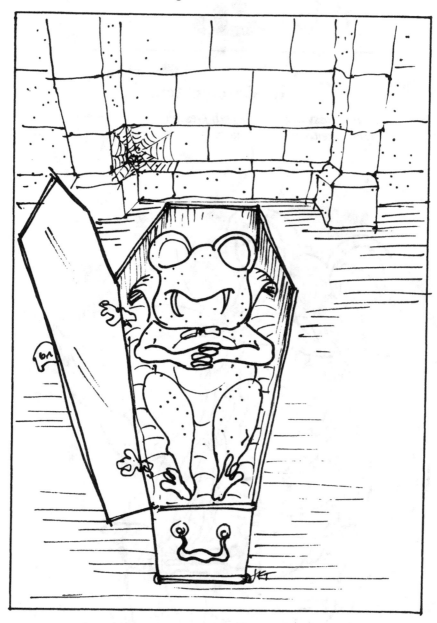

Man sagt, dass er in Transsylvanien lebe.
Man sagt, dass er in einem Schloss wohne.
Man sagt, dass er in einem Sarg schlafe.
Man sagt, dass er Blut trinke.
Man sagt, dass er ein Vampir sei.
Man sagt, dass er viele Frauen liebe.

Sein besonderer Liebling aber ist das Ungeheuer von Loch Ness:

Man sagt, dass es in Schottland lebe.
Man sagt, dass es unter dem Wasser wohne.
Man sagt, dass es sehr gross sei.
Man sagt, dass es sehr einsam sei.
Man sagt, dass es keinen Partner habe.
Man sagt, dass es zwei Hörner habe.
Man sagt, dass es ein Bild von ihm gebe.

Von King Kong hat er auch sehr viel gehört:

Man sagt, dass er sehr hässlich gewesen sei.
Man sagt, dass er sehr einsam gewesen sei.
Man sagt, dass er ein guter Schauspieler gewesen sei.
Man sagt, dass er unglücklich geliebt habe.
Man sagt, dass er ein gutes Herz gehabt habe.

Ein Ölscheich lädt die Presse ein.

Er sagt:

,,Meine Damen und Herren. Ich bin gern in Ihrem Land. Es gibt hier soviel zu kaufen. Ich habe gerade ein paar Fabriken gekauft. Meine Hauptfrau liebt europäische Moden, also habe ich ihr ein Modehaus gekauft. Die Nebenfrauen bekommen je einen Pelzmantel. Für meine Söhne werde ich morgen je einen Mercedes kaufen. Die Töchter bekommen nichts, Mädchen soll man nicht verwöhnen. Für mich suche ich noch ein paar Banken.''

und am nächsten Tag steht in der Zeitung:

Der Ölscheich begrüsste die Anwesenden und sagte, er sei gern in unserem Land. Es gebe hier soviel zu kaufen. Er habe gerade ein paar Fabriken gekauft. Seine Hauptfrau liebe europäische Moden, also habe er ihr ein Modehaus gekauft. Jede der Nebenfrauen bekomme einen Pelzmantel. Für seine Söhne werde er morgen je einen Mercedes kaufen. Die Töchter bekämen nichts, Mädchen solle man nicht verwöhnen. Für sich suche er noch ein paar Banken.

A. Schreiben Sie was in der Zeitung steht:

1. Der grosse Schauspieler sagt:

,,Hier bin ich, mein Publikum. Ich freue mich, soviele von Ihnen zu sehen. Ich mache hier einen neuen Film. Es gibt in dem Film alles: schöne Mädchen, schnelle Pferde und einsame Cowboys. Ich spiele einen einsamen Cowboy, der perfekt deutsch spricht.''

und am nächsten Tag steht in der Zeitung:

_____

_____

_____

_____

_____

_____

_____

_____

2. Der grosse Politiker sagt:

,,Meine lieben Wähler. Ich werde Ihr Leben verbessern. Sie werden keine Steuern mehr zahlen. Es wird keine Räuber und Diebe mehr geben. Die Preise werden fallen. Niemand muss arbeiten. Ich garantiere jedem, der mich wählt, ein Steak, ein Auto und ein Schwimmbad.''

und am nächsten Tag steht in der Zeitung:

_____

_____

_____

_____

_____

_____

_____

_____

B. Was sagen die Leute über . . . ? Folgen Sie dem Beispiel:

(King Kong) Man sagt, dass er ein gutes Herz gehabt habe.

1. (deutsches Bier) _____

_____

2. (Superman) _____

_____

3. (Emil) _____

_____

4. (Präsident Washington) _____

_____

5. (französische Restaurants) _____

_____

6. (die Deutschen) _____

_____

7. (amerikanische Touristen) _____

_____

27

Emils Berufsberatung.

Manfred sucht einen Beruf mit Zukunft. Er geht zu
Emil und bittet um Rat. Emil hilft natürlich gern.

Was macht ein Arzt?

Der Arzt ist ein Gott in Weiss. Er sagt: ,,Sie sind krank'' und Sie sind krank. Er sagt: ,,Sie sind gesund'' und Sie sind gesund. Er hilft den Menschen. Er verschreibt Pillen und er macht Operationen. Er verdient viel Geld.

Was macht ein Schriftsteller?

Der Schriftsteller braucht viel Papier und einen grossen Papierkorb. Er schreibt gern. Oft hat er Probleme mit der deutschen Grammatik. Wenn er für das Fernsehen schreibt, dann fällt schlechte Grammatik nicht auf.

Was macht ein Rechtsanwalt?	Der Rechtsanwalt interpretiert das Gesetz. In Deutschland ist das Gesetz absolut. Der Rechtsanwalt liest dicke Bücher. Wichtig ist das ,,Bürgerliche Gesetzbuch.'' Dort sind alle Gesetze aufgeschrieben.
Was macht ein Lehrer?	Der Lehrer hat ein schönes Leben. Er muss nur am Vormittag arbeiten. Er hat viel Urlaub. Früher hielten die Schüler ihre Lehrer für Götter, heute halten sie sie für Trottel.
Was macht ein Schauspieler?	Ein Schauspieler hat kein schönes Leben. Er muss die schlechte Grammatik der modernen Schriftsteller sprechen. Er darf den Text nicht ändern. Er muss immer dasselbe sprechen.
Was macht ein Sänger?	Der Sänger darf überhaupt nicht sprechen. Er muss immer auf seine Stimme achten. Im heissen Sommer muss er ein Halstuch tragen. Er muss viele Sprachen können, denn er muss in vielen Sprachen singen. Es ist gut für seine Stimme, wenn er dick und fett ist.

Was macht ein Regisseur?

Der Regisseur ist eine Autoritätsfigur. Jedermann möchte gern Regisseur werden. Man muss nicht studieren. Man muss nur jeden Tag ins Kino gehen und eine laute Stimme haben.

Was macht ein Bauer?

Der Bauer hat ein schönes Leben. Er muss nur im Frühling, Sommer und Herbst arbeiten. Er kann im Winter schlafen. Aber meistens trinkt er dann Kartoffelschnaps. Er hat Tiere, wie zum Beispiel Kühe und Hühner. Früher hatte er Pferde für seine Arbeit, heute hat er Maschinen.

Was macht ein Kaufmann?

Der Kaufmann kauft Dinge für wenig Geld und verkauft sie für viel Geld. Er ist wichtig in der ganzen Welt. Oft hat er einen Mercedes und ein Haus auf dem Land. Meistens hat er auch ein Schwimmbad.

Was macht ein Pilot?

Der Pilot fliegt das Flugzeug. Meistens aber muss der Copilot das Flugzeug fliegen, und der Pilot liest deutsche Philosophie oder flirtet mit den Fluggästen.

A. Beantworten Sie die Fragen:

1. Macht ein Arzt Filme? _____

2. Wo sind alle Gesetze aufgeschrieben? _____

3. Wann arbeitet ein Lehrer? _____

4. Braucht ein Schriftsteller einen grossen Papierkorb? _____

5. Wann arbeitet ein Schauspieler? _____

6. Spricht ein Sänger viele Sprachen? _____

7. Geht ein Regisseur gern ins Kino? _____

8. Darf ein Kapitän Rotwein während des Flugs trinken? _____

9. Was macht ein Bauer im Winter? _____

10. Hat ein Kaufmann meistens ein Schwimmbad?_____

28

Urlaub in Hawaii.

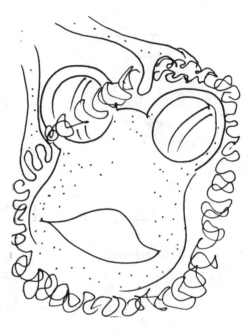

Emil hat sich sehr auf seinen Urlaub
  in Hawaii gefreut.
Aber alles geht schief.
Zuerst hat er einen Unfall gehabt.
Der Polizist fragt:

Haben Sie das Auto nicht kommen sehen?
Haben Sie den Bus nicht kommen sehen?
Haben Sie das Fahrrad nicht kommen sehen?

Emil antwortet ganz traurig:

Nein, ich habe das Auto nicht kommen sehen.
Und ich habe es auch nicht kommen hören.

Ich habe den Bus nicht kommen sehen.
Und ich habe ihn nicht kommen hören.

Ich habe das Fahrrad nicht kommen sehen.
Natürlich habe ich es nicht kommen hören.

Dann regnete es.

Emil hat im Zimmer bleiben müssen.
Er hat deutsche Philosophie lesen müssen.
Er hat Schopenhauer und Hegel lesen müssen.
Und er hat so viel machen wollen.
Er hat schwimmen wollen.
Er hat am Strand liegen wollen.
Er hat braun werden wollen.

Aber etwas hat doch geklappt.

Er hat ein Hula-Mädchen singen hören.
Er hat sie tanzen sehen.
Er hat sich einen Anzug machen lassen.
Er hat sich die Schuhe putzen lassen.
Er hat sich fotografieren lassen.
Er hat sich ein Haus bauen lassen.
Er hat sich einen Kranz umhängen lassen.
Und er hat sich trauen lassen.

Wenn sie nicht gestorben sind,
dann leben sie noch heute.

ENDE.

Emilia in Paris.

Emilia fliegt nach Paris. Sie lebt dort wie ein Gott in Frankreich. Zuerst geht sie zu Monsieur Yves und sagt:

Machen Sie mir einen Mantel!

Machen Sie mir einen Hut!

Machen Sie mir ein Abendkleid!

Machen Sie mir ein Kostüm!

Dann geht sie zu Monsieur Gérard und sagt:

Waschen Sie mir die Haare!

Schneiden Sie mir die Haare!

Färben Sie mir die Haare rot!

Dann geht sie zu Monsieur Jacques und sagt:

Fotografieren Sie mich!

A. **Zu Hause hat sie natürlich viel zu erzählen. Was sagt sie? Folgen Sie dem Beispiel:**

Ich habe mir einen Mantel machen lassen.

1. _____
2. _____
3. _____
4. _____
5. _____
6. _____
7. _____

B. **Morgens hat Emil immer grosse Pläne. Abends spricht er über die grossen Pläne. Was sagt er? Folgen Sie dem Beispiel:**

Er wollte zur Bank gehen.
Ich habe zur Bank gehen wollen.

1. Er wollte Zeitung lesen.

   _____

2. Er musste einen Brief schreiben.

   _____

3. Er sollte seine Mutter anrufen.

   _____

4. Er wollte mit Siglinde essen gehen.

   _____

5. Er musste eine Fahrkarte nach Europa bestellen.

   _____

6. Er wollte guten Wein finden, konnte aber keinen finden.

   _____

7. Er wollte sich die Haare schneiden lassen.

   _____

Vocabulary

der Abend,-e evening
das Abendkleid,-er evening dress
aber but
absolut absolute
sich ab-trocknen to dry oneself
ach alas
ach du lieber Gott oh, my God
acht eight
achten auf (*acc*) to pay attention to
adelig aristocratic
das Adjektiv,-e adjective
der Affe,-en ape, monkey
die Agentur,-en agency
der Ahn,-en ancestor
die Ähnlichkeit similarity
die Ahnung presentiment
allein alone
alles everything
also so
also gut fine with me
alt old
das Alter age
altmodisch old-fashioned
amüsant amusing
ändern to change
anders different
an-geben (gab an, hat angegeben, gibt an) to indicate
die Angst fear
der Anruf,-e call
an-rufen (rief an, hat angerufen, ruft an) to call
anstatt instead of
antworten to answer
anwesend present, to be present
die Anwesenden (*pl*) those who are present
sich an-ziehen (zog sich an, hat sich angezogen, zieht sich an) to dress
der Anzug,-e suit
der Apfel,- apple
der Apfelbaum,-e apple tree
der Apfelstrudel apple strudel
die Apotheke,-n pharmacy
die Arbeit,-en work
arbeiten to work
sich ärgern to be angry
sich ärgern über to be angry with
arm poor
der Arme poor guy

der Arzt,-e; die Ärztin physician (*male and female*)
der Assistent,-en assistant
der Athlet,-en athlete
atmen to breathe
die Attraktion,-en attraction
auch also
die Audienz interview, audience
auf on, upon, at
auf keinen Fall under no circumstances, no way
auf-bauen to erect
auf-fallen (fiel auf, ist aufgefallen, fällt auf) to attract attention
auf-machen to open up
auf-räumen to clean up
aufregend exciting
auf-schreiben (schrieb auf, hat aufgeschrieben, schreibt auf) write down
auf-stehen (stand auf, ist aufgestanden, steht auf) to get up
das Auge,-n eye
aus out of, from
ausgezeichnet excellent
sich aus-kennen (kannte sich aus, hat sich ausgekannt, kennt sich aus) to know one's way
das Auskunftsbüro,-s information office
das Ausland foreign country
aus-sehen (sah aus, hat ausgesehen, sieht aus) to look
gut aus-sehen to look well
das Aussehen,- appearance
die Auswahl,-en choice
der Author,-en; die Authorin author (*male and female*)
die Authorität authority
die Authoritätsfigur,-en figure of authority
autofahrend driving a car

der Bäcker,- baker
die Bäckerei,-en bakery
das Bad,-er bath
sich baden to bathe
das Badezimmer,- bathroom
der Bahnhof,-e railway station
das Ballett ballet
die Bank,-en bank
bar in cash

bar bezahlen to pay in cash
die Bar bar
der Bär,-en bear
barfuss barefoot
der Bart,-̈e beard
bauen to build
der Bauer,-n; die Bäuerin peasant, farmer
der Bauernhof,-̈e farm
der Baum,-̈e tree
beantworten to answer
sich beeilen to hurry
beginnen (begann, hat begonnen, beginnt) to begin
begrüssen to greet, to welcome
sich begrüssen to greet each other
bei with, near
das Bein,-e leg
das Beispiel,-e example
bekannt known
bekommen (bekam, hat bekommen, bekommt) to get, to receive
beliebt liked
bellen to bark
das Benzin gas
bequem comfortable
die Beratung advice
der Beruf,-e profession, occupation
die Berufsberatung occupational guidance service
bescheiden modest
der Besitzer,-; die Besitzerin owner
besonders especially
besser better
besteigen (bestieg, hat bestiegen, besteigt) to climb
bestellen to order
bestimmt definitely
der Besuch,-e visit
besuchen to visit
das Bett,-en bed
bewundern to admire
bezahlen to pay
das Bild,-er picture
billig cheap
bitte please
bitten to ask
die Blase,-n bubble
blau blue
bleiben (blieb, ist geblieben, bleibt) to stay, to remain
der Bleistift,-e pencil
der Blödsinn idiocy
blond blonde
die Blonde the blonde woman
die Blume,-n flower
die Bluse,-n blouse

das Blut blood
der Boden,-̈ attic, ground, floor
böse angry, evil
braten (briet, hat gebraten, brät) to fry
der Braten roast
brauchen to need
braun brown
braun werden to tan
bravo bravo
brennen (brannte, hat gebrannt, brennt) to burn
der Brief,-e letter
die Briefmarke,-n stamp
die Brieftasche,-n wallet
die Brille,-n glasses
bringen (brachte, hat gebracht, bringt) to bring
das Brötchen,- roll
der Bruder,-̈ brother
das Buch,-̈er book
die Burg,-en castle
das bürgerliche Gesetzbuch book of laws
das Büro,-s office
sich bürsten to brush oneself

das Café,-s coffee house
der Chef boss
chinesisch Chinese
der Chor,-̈e chorus
das Christkind Christ child
der Copilot copilot
der Cowboy,-s cowboy

das Dach,-̈er roof
daher therefore
damals in those days
der Dank thanks
danke thank you
dann then
dasselbe the same
dauern to last
dazu with it
decken; den Tisch decken to set the table
der Delphin,-e dolphin
die Demokratie democracy
denken (dachte, hat gedacht, denkt) to think
denken an (akk) to think of
das Denkmal monument
denn because
deswegen because of that
deutsch German
der Diamant,-en diamond
dick fat
der Dieb,-e; die Diebin thief
das Ding,-e thing, object
dort there
das Drama (plural: die Dramen) drama
dramatisch dramatic

das Drehbuch,-er   film script
dreissig   thirty
die Drogerie   drugstore
dumm   stupid
der Dumme   the stupid one
die Dummheit   stupidity
dunkel   dark
die Dunkle   the dark-haired woman
dürfen (durfte, hat gedurft, darf)   to be
    allowed to

die Ecke,-n   corner
das Ei,-er   egg
das Eichhörnchen,-   squirrel
ein-bauen   to build in
eines Tages   one day
einfach   simple
ein-kaufen   to shop
ein-laden (lud ein, hat eingeladen, lädt ein)   to
    invite
eins, eine, einen   a
einsam   lonely
die Einsamkeit   loneliness
der Eisbrecherdienst   service for breaking the
    ice (among people); dating service
eitel   vain
der Eitle   the vain one
der Elefant,-en   elephant
elektrisch   electric
der Empfang,-e   reception
der Empfangschef   receptionist (actually: chief
    of the reception)
das Ende   end
endlich   finally
energisch   energetic
entdecken   to discover
sich entschuldigen   to apologize
die Entschuldigung   apology
entweder   either
er   he
die Erbse,-n   pea
erfinden (erfand, hat erfunden, erfindet)   to
    invent
erfolgreich   successful
sich erinnern   to remember
erleben   to experience
erst   first
erzählen   to tell
es   it
essen (ass, hat gegessen, isst)   to eat
das Essen   food
etwas   something
europäisch   European

fabelhaft   fabulous
die Fabrik,-en   factory

fahren (fuhr, ist gefahren, fährt)   to drive
das Fahrrad,-er   bicycle
der Fall,-e   case
für alle Fälle   to be sure
fallen (fiel, ist gefallen, fällt)   to fall
falsch   wrong
die Familie,-n   family
fangen (fing, hat gefangen, fängt)   to catch
die Farbe,-n   color
färben   to dye
faul   lazy
der Faule   the lazy one
die Faulheit   laziness, sloth
die Feder,-n   feather
das Fenster,-   window
das Fernsehen   television
der Fernseher   television set
das Fernsehspiel   television drama
das Fernseh-Interview   television interview
fertig   ready
fett   fat
die Figur,-en   figure
finden (fand, hat gefunden, findet)   to find
die Flasche,-n   bottle
das Fleisch   meat
die Fliege,-n   fly
fliegen (flog, ist geflogen, fliegt)   to fly
flirten   to flirt
der Flughafen   airport
das Flughafengebäude   airport building
die Flugkarte,-n   ticket
das Flugzeug,-e   airplane
folgen   to follow
die Frage,-n   question
eine Frage stellen   to pose a question
fragen   to ask
Frankreich   France
die Frau,-en   woman
frech   fresh
der Freche   the fresh one
frei   free
der Freie   the free one
die Freiheit   freedom
fremd   foreign, strange
sich freuen auf (acc)   to look forward to
freundlich   friendly
der Freundliche   the friendly one
die Freundlichkeit   friendliness
froh   happy
der Frosch,-e   frog
der Froschschenkel,-   frog's leg
früh   early
früher   earlier
der Frühling   spring
die Führung,-en   tour
füllen   to fill

fünf   five
für   for
sich fürchten   to be afraid
füttern   to feed
der Fuss,:e   foot

die Gabel,-n   fork
gähnen   to yawn
die Gans,:e   goose
der Gänsebraten,-   fried goose
ganz   quite
der Garten,:   garden
der Gast,:e   guest
der Gastgeber; die Gastgeberin   host; hostess
geben (gab, hat gegeben, gibt)   to give
gebrauchen   to use
der Geburtstag,-e   birthday
das Gedicht,-e   poem
geduldig   patient
gefallen (gefiel, hat gefallen, gefällt)   (dative) to
   like
das Gefängnis   prison
das Geheimnis,-se   secret
gehen (ging, ist gegangen, geht)   to go, to walk
es geht mir gut   I am fine
der Geist,-er   spirit
gelb   yellow
das Geld   money
das Gemälde,-   painting
das Gemüse   vegetable
genau   exactly
das Genie   genius
genug   enough
das Gepäck   luggage
gerade   just, straight
gern   gladly, to like to do something
das Geschäft,-e   store
das Geschenk,-e   present
die Geschichte,-n   story
das Geschirr   dishes
der Geschmack   taste
das Gesetz,-e   law
das Gespräch,-e   conversation
die Gesundheit   health
gewöhnlich   ordinary
das Glas,:er   glass
glauben (dative)   to believe
glücklich   happy
der Gott,:er   god
Gott sei Dank   thank God
griechisch   Greek
gross   tall, big, large
grossartig   grand
die Grossaufnahme   close up
die Grosse   the tall one
die Grossmutter,:   grandmother

der Grossvater,:   grandfather
grün   green
der Gruss,:e   greeting
der Gummi   rubber
gut   fine, good

das Haar,-e   hair
haben (hatte, hat gehabt, hat)   to have
der Hals,:e   neck
das Halstuch,:er   scarf
halten (hielt, hat gehalten, hält)   to hold, to stop
halten für   to take someone for
die Hand,:e   hand
handeln   to act
das Handtuch,:er   towel
hängen (hing, hat gehängt, hängt)   to hang
hart   hard
hässlich   ugly
hätte   (subjunctive form of haben: if I
   had . . . .)
die Hauptfrau   main woman
das Haus,:er   house
zu Haus   at home
die Hausarbeit,-en   homework
die Haustür,-en   front door
heissen (hiess, hat geheissen, heisst)   to be
   named, to be called
die Heizung,-en   radiator
der Held,-en   hero
helfen (half, hat geholfen, hilft) (dative)   to help
der Herbst   fall
hervorragend   outstanding
das Herz,-en   heart
herzlich   sincerely
heute   today
hier   here
hierher   to this place
der Himmel   heaven
himmlisch   heavenly
hinter   behind
hoffentlich   it is to be hoped
höflich   polite
das Holz   wood
hören   to hear
der Hörer   receiver
das Horn,:er   horn
die Hose,-n   pants
das Hotel,-s   hotel
das Huhn,:er   chicken
die Hühnersuppe,-n   chicken soup
der Hund,-e   dog
der Hut,:e   hat

ich   I
die Idee,-n   idea
ihn   him

ihnen them

Ihnen you, to you

Ihr your

im (*abbrev:* in dem) in the

immer always

in in, into

die Inflation inflation

der Innenarchitekt interior decorator

die Intelligenz intelligence

sich interessieren für to be interested in

interpretieren to interpret

das Interview,-s interview

die Jacke,-n jacket

die Jagd hunt

das Jahr,-e year

jeder, jede, jeden any, every

jedermann everyman

jetzt now

jodeln to yodel

jodelnd yodeling

jung young

der Käfer,- bug

der Kaffee coffee

der Kamin fireplace

der Kamm,-e comb

sich kämmen to comb oneself

der Kapitän,-e captain

die Kartoffel,-n potato

der Kartoffelschnaps,-e potato liqueur

der Käse cheese

der Kasten,- here: old house

die Katze,-n cat

kaufen buy

das Kaufhaus department store

der Kaufmann merchant

der Kaugummi chewing gum

der Kaviar caviar

kein, keine, keinen no, not a

der Keller,- cellar

kennen (kannte, hat gekannt, kennt) to know,
    to be acquainted with

die Kerze,-n candle

die Kette,-n chain

der Kilometer kilometer

die Kindheit childhood

das Kino,-s cinema, movies

der Kiosk kiosk

klagen to complain

klappen to clap, to fold

etwas klappt something goes very well

das Kleid,-er dress

klein small

klingeln to ring

der Knödel,- dumpling

der Koch,-e; die Köchin cook; female cook

das Kochbuch cook book

kochen to cook

der Koffer,- suitcase

das Kofferpacken packing

kommen (kam, ist gekommen, kommt) to come

kompliziert complicated

komponieren to compose

der Komponist,-en; die Komponistin composer

die Konditorei pastry shop

der König,-e; die Königin king; queen

können (konnte, hat gekonnt, kann) can, to be
    able

könnten could

der Kopf,-e head

der Körper,- body

kosten to cost

das Kostüm,-e suit (for a woman), costume

krank sick

der Kranke the sick one

der Kranz,-e wreath

der Kräutertee herb tea

die Kreditkarte,-n credit card

kriechen (kroch, ist gekrochen, kriecht) to creep

der Krieg,-e war

das Kristall crystal

die Kristallkugel crystal ball

kritisch critical

das Krokodil,-e crocodile

die Krone,-n crown

die Küche,-n kitchen

die Kugel,-n ball

die Kuh,-e cow

der Kunde,-n customer

die Kundin,-nen female customer

die Kunst,-e art

kurz short

kurz und gut in short

die Kutsche,-n coach

lachen to laugh

lachend laughing

das Lamm,-er lamb

die Lampe,-n lamp

das Land,-er land, country

landen to land

die Langweile boredom

langsam slow

sich langweilen to be bored

lassen (liess, hat gelassen, lässt) to let, to have
    something done

laufen (lief, ist gelaufen, läuft) to run, to walk

die Laune,-n mood

leben to live

das Leben life

das Leder leather

die Lederhose,-n leather pants
der Lehrer,-; die Lehrerin teacher
leid tun (*dative*) painful
es tut mir leid I am sorry
leider unfortunately
lesen (las, hat gelesen, liest) to read
letzte, letztes, letzter last
die Leute people
das Licht,-er light
liebe, lieber, liebes dear
die Liebe love
lieben to love
sich lieben to love each other
lieber rather
der Liebling darling
liegen (lag, hat gelegen, liegt) to lie
die linke Hand the left hand
links left
die Lippe,-n lip
die Liste,-n list
der Löffel,- spoon
logisch logical
der Löwe,-n lion

machen to do, to make
das macht nichts that doesn't matter
das Mädchen,- girl
malen to paint
der Maler,-; die Malerin painter
man you, one, they, people
manchmal sometimes
die Manieren manners
der Mann,-er man
der Mantel,- coat
der Märchen,- fairytale
die Mark marks (German currency)
die Maschine,-n machine
das Maul,-er mouth (of an animal)
die Maus,-e mouse
mehr more
mein Gott oh my God
meistens mostly
das Melodrama melodrama
der Mensch,-en man, human being, person
das Messer,- knife
der Metzger butcher
die Miete,-n rent
mieten to rent
die Milch milk
der Millionär,-e; die Millionärin millionaire
die Minute,-n minute
mir to me, me
mit with
mit-nehmen (nahm mit, hat mitgenommen, nimmt mit) to take along
die Mittagspause,-n lunch break

das Mittelalter medieval times
die Mode,-n fashion
das Modehaus boutique
mögen (mochte, hat gemocht, mag) to like
der Mohnkuchen,- poppy seed pastry
der Monat,-e month
morgen tomorrow
morgens in the morning
müde tired
München Munich
der Muskel,-n muscle
müssen (musste, hat gemusst, muss) must, to have to
das Muster,- sample
mutig brave
die Mutter,- mother
mysteriös mysterious

nach after, to
der Nachbar,-n; die Nachbarin neighbor
die Nacht,-e night
der Name,-n name
die Nase,-n nose
nass wet
natürlich naturally
neben next to
die Nebenfrau,-en (Arabic: *Ḍarrah*) second and following wives
nehmen (nahm, hat genommen, nimmt) to take
nervös nervous
neu new
die Neugierde curiosity
neugierig curious
nicht not
nichts nothing
nichts Besonderes nothing special
nie never
niemand nobody
die Nummer,-n number
nur only

das Obst fruit
oder or
oft often, frequently
ohne without
das Ohr,-n ear
das Öl oil
die Ölquelle oil well
der Ölscheich oil sheik
der Onkel,-s uncle
die Operation,-en operation

paar a few
das Paar,-e couple
das Paket,-e package
der Papagei,-en parrot

der Papierkorb,-̈e wastepaper basket
der Papst pope
das Parkhaus,-̈er garage
der Partner,- partner
die Party party
der Pass,-̈e passport
der Passagier,-e passenger
passen (*dative*) to fit
passieren to happen
das Pech bad luck
so ein Pech what bad luck
der Pelz,-e fur
der Pelzmantel,-̈ fur coat
perfekt perfect
die Perle,-n pearl
die Perlenkette,-n pearl necklace
die Person,-en person
persönlich personally
das Pferd,-e horse
das Pfund pound
philosophisch philosophically
die Pille,-n pill
der Pilot,-en pilot
das Plakat,-e poster
der Plan,-̈e plan
die Platzkarte,-n ticket for a seat
plötzlich suddenly
die Polizei police
das Polizeiauto police car
der Polizist,-en police officer
die Post post office
der Präsident,-en president
der Preis,-e price
die Presse press
das Programm,-e program
das Publikum audience
der Pudel,- poodle
der Pullover,- sweater
pünktlich punctual
der Pünktliche the punctual one
putzen to clean
sich die Zähne putzen to brush one's teeth

die Quelle,-n well

sich rasieren to shave
sich rasieren lassen to get shaved
der Rat advice
raten to guess (*with dative:* to advise)
der Räuber,- robber
rauchen to smoke
rechnen to calculate
rechnend calculating
recht quite
der Rechtsanwalt,-̈e; die Rechtsanwältin lawyer
die Rede,-n speech

reden to speak
redend speaking
das Regal,-e shelf
der Regen rain
der Regenmantel,-̈ raincoat
der Regenschirm,-e umbrella
der Regisseur,-e movie director
regnen to rain
reiben (rieb, hat gerieben, reibt) to rub
reich rich
das Reich kingdom
die Reihe,-n row
der Reis rice
die Reise,-n journey
reiten (ritt, ist geritten, reitet) to ride
der Reporter,-; die Reporterin reporter
richtig correct
der Roman,-e novel
rothaarig red-headed
die Rothaarige the red-headed woman
ruhen to rest

die Sache matter, object
die Sachertorte,-n chocolate cake named after
    the Sacher Hotel in Vienna
sagen to say, to talk
salzig salty
der Sarg,-̈e coffin
sauber clean
der Saubere the clean one
sauber halten to keep clean
die Sauberkeit cleanliness
das Schach chess
schade unfortunate
schade um (*akk*) it is a pity that
die Schallplatte,-n record
der Schatten shadow
der Schauspieler,-; die Schauspielerin actor;
    actress
die Schauspielergruppe group of actors
der Scheck,-s check
der Scheich,-e sheik
schenken to give (a present)
schief crooked
schief gehen to go wrong
der Schirm,-e umbrella
schlafen (schlief, hat geschlafen, schläft) to
    sleep
das Schlafzimmer,- bedroom
die Schlange,-n snake
schlank slim
schlau clever
schlecht bad
das Schloss,-̈er castle
schmackhaft tasty
sich schminken to apply make-up

der Schmuck jewelry
schmuggeln to smuggle
schmutzig dirty
der Schnaps liqueur
schneiden (schnitt, hat geschnitten, schneidet)
  to cut
schneiden lassen to have something cut
schnell fast, quick
schon already
schön beautiful, pretty
der Schöne the beautiful one
die Schönheit beauty
der Schrank,-̈e closet
schreiben (schrieb, hat geschrieben, schreibt)
  to write
die Schreibmaschine,-n typewriter
die Schrift,-en writing
der Schriftsteller,-; die Schriftstellerin writer
der Schritt,-e step
schüchtern shy
der Schuh,-e shoe
die Schule,-n school
der Schüler,-; die Schülerin pupil
der Schwanz,-̈e tail
schwarz black
die Schwarze the black-haired woman
das Schwein,-e pig
das Schweinefleisch pork meat
schwer heavy
die Schwester,-n sister
das Schwimmbad swimming pool
schwimmen to swim
der Schwindel swindle
sechs six
der See,-n lake
segeln to sail
sehen (sah, hat gesehen, sieht) to see
sich sehen to see oneself
sehr very
sei subjunctive form of sein
die Seide silk
die Seidenbluse,-n silk blouse
die Seife,-n soap
die Seifenoper,-n soap opera
sein (war, ist gewesen, ist) to be
sein, seine, seinen his
seit since
seitdem since that time
der Sekt champagne
die Sensation,-en sensation
der Sessel,- armchair
sich setzen to sit down
Siberien Siberia
sich himself, herself, itself, themselves, yourself
sicher surely, safe
Sie you (*singular and plural*)

sie she
sie them
sieben seven
singen (sang, hat gesungen, singt) to sing
singend singing
die Sitte,-n custom
sitzen (sass, hat gesessen, sitzt) to sit
der Sitzplatz,-̈e seat
der Skat card game popular in Germany
so so
so viel so much
das Sofa,-s couch
sofort right away, immediately
der Sohn,-̈e son
sollen supposed to, should
der Sommer summer
die Sonne sun
der Sonnenbrand sunburn
die Sonnenbrille sunglasses
die Sorge,-n worry
sparsam thrifty
der Sparsame the thrifty one
spät late
später later
spazieren-gehen (ging spazieren, ist spazieren
  gegangen, geht spazieren) to go for a walk
der Spaziergang,-̈e walk
die Speisekarte,-n menu
der Spiegel,- mirror
das Spiel,-e game, play
der Spieler,- player
sportlich sporty
die Sprache,-n language
sprechen (sprach, hat gesprochen, spricht) to
  speak
sprechend speaking
springen (sprang, ist gesprungen, springt) to
  jump
springend jumping
spülen to rinse
Geschirr spülen to wash dishes
die Stadt,-̈e city
stadtbekannt known all over the city
stammen aus to come from
stark strong
die Station,-en station
staunen to be amazed
stehlen (stahl, hat gestohlen, stiehlt) to steal
der Stein,-e stone
steinreich filthy rich
stellen to place (in an upright position)
sterben (starb, ist gestorben, stirbt) to die
die Steuer,-n tax
die Stimme,-n voice
der Stoff stuff, pot
stolz proud

stören to disturb
der Strand,-̈e beach
die Strasse,-n street
die Strassenbahn,-en streetcar
sich strecken to stretch oneself
sich streiten (stritt sich, hat sich gestritten, streitet sich) to fight
stricken to knit
der Strumpf,-̈e stocking
das Stück,-e play, piece
der Stuhl,-̈e chair
suchen to look for
summen to buzz
die Suppendose,-n soup can
süss sweet
die Symphonie,-n symphony

die Tafel,-n blackboard
der Tag,-e day
den ganzen Tag the whole day long
die Tante,-n aunt
der Tanz,-̈e dance
tanzen to dance
tanzend dancing
tapfer brave
die Tasche,-n handbag
das Taschentuch,-̈er handkerchief
die Tasse,-n cup
die Taube,-n pigeon
tausend thousand
der Teich,-e pond
der Teil,-e part
die Telefonnummer,-n telephone number
der Tennisrock tennis skirt
der Tennisschläger,- tennis racket
der Teppich,-e carpet, rug
teuer expensive
der Text,-e text
das Theaterstück,-e play
tief deep
das Tier,-e animal
der Tisch,-e table
tragen (trug, hat getragen, trägt) tò wear, to carry
die Tragödie,-n tragedy
Transsylvanien Transylvania
sich trauen lassen to get married
der Traum,-̈e dream
träumen to dream
das Traumhaus dream house
traurig sad
treffen (traf, hat getroffen, trifft) to meet
sich treffen to meet each other
trinken (trank, hat getrunken, trinkt) to drink
trocken dry
der Trottel,- nitwit

das Tuch,-̈er cloth
tun (tat, hat getan, tut) to do
die Tür,-en door

die U-Bahn,-en subway
üben to practice
über over, about
überhaupt at all, on the whole
übermorgen the day after tomorrow
übertreiben (übertrieb, hat übertrieben, übertreibt) exaggerate
die Uhr,-en clock
um at, around
um Himmels willen for heaven's sake
um Rat bitten to ask for advice
um sein Leben springen to jump for one's life
um-hängen (hing um, hat umgehängt, hängt um) to put on
um-hängen lassen having something put on
der Unfall,-̈e accident
das Ungeheuer,- monster
unglücklich unhappy
die Universität,-en university
unmöglich impossible
unter below, under
sich unterhalten (unterhielt sich, hat sich unterhalten, unterhält sich) to talk, to make conversation
das Unterhemd,-en undershirt
uralt age-old
der Urlaub vacation

der Vampir,-e vampire
die Vase,-n vase
der Vatikan vatican
verbessern to improve
verdienen to earn
verkaufen to sell
die Verkäuferin saleswoman
verlieren (verlor, hat verloren, verliert) to lose
vernünftig reasonable
verrückt crazy
verschreiben (verschrieb, hat verschrieben, verschreibt) prescribe
verschwinden (verschwand, ist verschwunden, verschwindet) disappear
die Verspätungsgeschichte story about being late
verstehen (verstand, hat verstanden, versteht) to understand
vervollständigen to complete
verwenden to use
verwöhnen to spoil
verzollen to pay customs
etwas zu verzollen something to declare
viel much
vielleicht perhaps

viertel quarter
der Vogel,- bird
der Vormittag,-e morning
vor-stellen to introduce

wählen to choose, to elect
der Wähler,- voter
während during
wahr-sagen to tell the future
der Wald,-er woods
die Wand,-e wall
wann when
warm warm
warten to wait
warten auf to wait for
was ist los? what's up?
die Wäsche laundry
sich waschen (wusch sich, hat sich gewaschen,
    wäscht sich) to wash
das Waschpulver detergent
der Wasserring,-e water ring
wecken to wake someone up
der Wecker alarm clock
der Weg,-e way, path
ich bin auf dem Weg I am on my way
wegen because of
weg-fahren (fuhr weg, ist weggefahren, fährt
    weg) to drive off
weh tun to hurt
weich soft
weil because
der Wein,-e wine
weinen to cry
weise wise
weiss white
weiter further, go on
die Welt world
weltberühmt world famous
der Weltrekord,-e world record
wem (to) whom (*dative case of* wer)
wen whom (*accusative case of* wer)
wenig not much
wenn if
wer who
die Werbeagentur advertising agency
der Werbeslogan advertising slogan
die Werbung advertising
werden (wurde, ist geworden, wird) to become
werfen (warf, hat geworfen, wirft) to throw
die West-Seite West Side
das Wetter weather
wichtig important
wie how

wie Gott in Frankreich leben to live high on
    the hog
wieder again
wiegen (wog, hat gewogen, wiegt) to weigh
die Wies'n meadow, where the Octoberfest
    takes place
wieviel how much
der Wille will
wirklich real
wissen (wusste, hat gewusst, weiss) to know,
    to have factual knowledge
der Wissenschaftler,-; die Wissenschaftlerin
    scientist
wo where
die Woche,-n week
das Wochenende weekend
woher from where
wohin to where
wohnen to live, to reside
das Wohnzimmer,- living room
der Wolkenkratzer,- skyscraper
wollen (wollte, hat gewollt, will) to want
wunderbar wonderful
der Wunsch,-e wish
würde subjunctive form of werden, would
die Wurst,-e sausage

der Zahn,-e tooth
der Zahnarzt,-e; die Zahnärztin dentist
die Zahnbürste,-n tooth brush
zehn ten
zeigen to show, to point
die Zeit,-en time
die Zeitschrift,-en magazine
die Zeitung,-en newspaper
zerstören to destroy
das Zimmer,- room
der Zimmerdienst room service
der Zirkus circus
zögern to hesitate
der Zollbeamte,-n customs officer
die Zollstation customs station
zu to
zu Ende to the end
zuerst at first
der Zufall,-e coincidence
zufällig coincidental
zufrieden satisfied
der Zug,-e train
zu-hören to listen
die Zukunft future
zurück-blicken to look back
zusammen together
der Zuschauer,- onlooker